새 연세한국어 말하기와 쓰기 2-2

연세대학교 한국어학당 편

연세대학교 출판문화원

머리말

연세대학교 한국어학당은 1959년에 설립된 한국 최초의 외국어로서의 한국어 교육 기관이다. 연세대학교 한국어학당은 그간의 역사와 명성에 걸맞게 다양한 한국어 교재 편찬 및 관련 연구를 해옴으로써 한국어 교육을 선도해 왔다. 지금까지 전 세계에서 온 약 150여 개국의 17만여 명에 이르는 한국어 학습자에게 한국어와 한국 문화를 가르쳐 왔으며, 최근에는 빠른 속도로 변화해 가는 교육 환경에 맞추어 오프라인 한국어 교육뿐만 아니라 온라인 한국어 교육 콘텐츠 개발에도 노력을 기울이고 있다. 이미 세계 각국의 한국어 학습자를 대상으로 글로벌 온라인 대중 공개 강좌(MOOC)를 개설하여 학습자들로부터 큰 호응을 얻었고 연세대학교 온라인 교육 혁신 플랫폼인 런어스(LearnUs)에도 최신 기술을 활용한 한국어 콘텐츠를 올려서 학습자들을 만나는 중이다.

연세대학교 한국어학당은 그간 일반 목적 한국어 학습자들뿐만 아니라 특수 목적 한국어 학습자들을 대상으로 정규과정, 단기과정, 대학 한국어 과정 등 다양한 교육과정을 개설 운영하면서 학습자의 요구에 부응하는 최상의 교재를 개발해 왔다. 이러한 교재들은 국내외의 한국어 교육 기관에서 교사와 학습자들의 다양한 요구를 충족시키며 양질의 한국어 교수·학습을 위해 널리 사용되고 있다.

연세대학교 한국어학당은 그간 가장 큰 호응을 받아 왔던 '연세한국어' 1급~6급의 뒤를 이을 새로운 교재로 '새 연세한국어' 시리즈를 기획 출간하게 되었다. 이 교재의 개발을 위해 한국어 교육 현장 경험이 풍부한 전문 한국어 교육학자 및 교사들이 대거 투입되었고 최상의 한국어 교수법 및 학습자 집단의 요구에 대한 이해를 바탕으로 개발 작업이 장기간에 걸쳐 수행되었다.

이번에 출간된 '새 연세한국어' 시리즈는 총 6단계로 각 단계마다 어휘와 문법 교재, 말하기와 쓰기 교재, 듣기와 읽기 교재로 구성되어 있다. '새 연세한국어 어휘와 문법'은 한국어 학습자들이 각 숙달도별로 가장 필수적으로 익혀야 하는 주요 어휘와 문법에 대한 이해와 활용을 중심으로 구성되었다. '새 연세한국어 말하기와 쓰기'는 원활한 한국어 의사소통을 위해 꼭 필요한 표현 기능을 수행할 수 있도록 말하기, 쓰기 과제를 중심으로 구성되었다. 또한 '새 연세한국어 듣기와 읽기'는 듣기, 읽기 과제를 중심으로 각 급별 숙달도에 적절한 이해 능력을 함양시킬 수 있도록 구성되었다. 이 세 권의 교재는 어휘·문법, 표현, 이해 능력의 고른 발달을 위해 패키지로 함께 사용될 수도 있고, 교육 현장 여건이나 학습자의 요구에 따라 별도로 사용될 수도 있다. 또한 어휘와 문법 교재의 경우 별도의 지침서가 무료로 제공되므로 교육 경험이 다소 부족한 국내외의 한국어 교사들에게 유용한 길잡이가 될 수 있을 것이다.

연세대학교 한국어학당은 앞으로도 전 세계의 한국어 학습자들의 요구와 기대에 부응하는 교재 개발을 위해 최선을 다할 것이다. 아울러 본 교재가 국내외에서 한국어 교육을 위해 노력을 아끼지 않는 많은 교사와 한국어 학습을 위해 노력하는 모든 학습자들에게 크게 도움이 되기를 바란다.

연세대학교 언어연구교육원

한국어학당 교재편찬위원회

일러두기

01 이 책은 <새 연세한국어 어휘와 문법 2>, <새 연세한국어 듣기와 읽기 2>와 함께 한국어 초급 학습자들을 위한 교재이다. 특히 <새 연세한국어 어휘와 문법 2>에서 배운 문형과 어휘를 활용해서 말하기와 쓰기의 표현 연습을 할 수 있도록 구성되었다.

02 이 책은 한국어 초급 학습자들이 한국어로 말하고 쓸 수 있는 능력을 키우기 위한 표현 능력 개발 교재이다.

03 이 책은 총 20과이며 각 과는 2개 항으로 구성되어 총 40개 항이 있다. 그리고 2개 과마다 복습을 할 수 있도록 복습 10개 항을 구성했다. 각 항은 각각 50분 수업 분량으로 이 책은 총 50개 항으로 구성되어 있다. 그리고 2개 과마다 한국 문화에 대한 소개가 있다.

04 이 책의 각 항은 '제목, 학습 목표, 준비해 봅시다, 이야기해 봅시다, 써 봅시다'로 구성되었다. 복습항은 선행 학습된 2개 과의 주제와 기능, 어휘와 문형을 활용할 수 있도록 3개의 과제로 구성되어 있다.

05 이 책의 각 과의 제목은 <새 연세한국어 어휘와 문법 2>와 동일하다. 각 항의 제목은 해당 항의 내용 중에서 학습 목표를 드러낼 수 있는 대표적인 문장을 사용했다.

06 학습 목표는 '-에 대해 이야기할 수 있다, 설명할 수 있다, 소개할 수 있다'와 같이 표현 기능이 드러나도록 기술했다.

07 '준비해 봅시다'는 각 항의 들어가기에 해당된다. 삽화를 제시해서 학습자들의 이해를 돕고 2개의 질문을 통해서 각 항의 구체적인 내용을 예측해 볼 수 있도록 구성했다. 질문은 삽화와 관련된 질문 1개와 주제에 관련된 학습자의 경험에 대한 질문 1개로 구성되어 있다.

08 '이야기해 봅시다'는 <새 연세한국어 어휘와 문법 2>에서 공부한 내용을 주제와 관련해서 말해 볼 수 있는 말하기 연습으로 구성되어 있다. 초급 학습자들이 실제적인 상황에서 의사소통 목적을 달성할 수 있도록 다양한 담화 상황을 다루고자 했으며 담화 상황에서 유용한 표현도 함께 제시하여 의사소통 능력 향상에 도움을 주고자 했다. 또한 학습자들의 이해를 돕기 위해서 연습마다 전형적인 대화의 구조를 보여주는 예시를 <보기>로 제시했다.

09 '써 봅시다'는 '쓰고 발표하십시오, 이야기하고 쓰십시오'와 같이 말하기 활동과 쓰기 활동을 연계한 연습으로 구성되어 있다. 학습자들이 텍스트의 기능과 유형에 따른 글의 구조를 익힐 수 있도록 텍스트 구조 표지를 제시하였으며 '쓰고 발표하십시오'의 경우에는 발표할 때 유용한 표현도 함께 제시하여 격식적인 말하기 연습에 도움을 주고자 했다. 또한 글의 구조를 보여 주는 예시를 <모범 답안>으로 제시하여 학습자들이 참고할 수 있도록 했다.

10 '복습'은 3개의 연습으로 구성되어 있다. 앞선 2개 항에서 배운 어휘와 문형, 주제를 통합해서 길게 말하고 쓸 수 있는 연습으로 구성되어 있다.

11 '문화'는 한국의 문화를 소개하고 관련된 한국어 표현을 제시해서 학습자들이 활용할 수 있도록 구성했다.

12 모든 연습은 학습자들이 자신의 한국어 능력 수준에 맞춰 다양하게 표현할 수 있도록 단계적인 연습으로 구성했다. '이야기해 봅시다'는 주어진 상황으로 대화를 조직하는 연습에서 자신의 상황으로 확장해서 연습할 수 있도록 이루어졌으며 '써 봅시다'는 글쓰기를 위한 개요 작성 단계를 포함하여 논리적이고 단계적인 글쓰기 활동이 이루어질 수 있도록 했다.

13 새로 나온 어휘는 해당 페이지의 하단에 제시했다. 또한 새로 나온 모든 어휘의 목록과 해당 어휘가 사용된 항을 부록에 제시해서 학습에 도움을 주고자 했다.

단원 구성

과	제목	학습 목표	문형	문화
11과 교통	1. 2호선을 타고 가다가 6호선으로 갈아타세요	대중교통을 이용해서 목적지까지 가는 방법을 설명할 수 있다.	-다가 으로[3]	교통 카드 사용법
	2. 경복궁 앞으로 해서 가 주세요	차로 목적지까지 가는 방법을 설명할 수 있다.	-으려면[1] 으로 해서	
12과 학교생활	1. 수업을 열심히 들어야 시험을 잘 볼 수 있어	학교생활에 대해 설명할 수 있다.	-어야 -으면 되다	
	2. 뭐 좀 물어 보려고 왔는데요	학교생활에 대해 문의할 수 있다.	-는데요 -거나	
13과 공공 기관	1. 통장을 만드는 동안 잠시 기다려 주십시오	은행 이용 방법을 문의할 수 있다.	부터 -는 동안	문자 메시지 언어
	2. 두 달이나요?	우체국 이용 방법을 문의할 수 있다.	-을 건가요? 이나[2]	
14과 전화	1. 휴대 전화로 영화를 보는 사람들이 많아졌다고 해	휴대 전화의 기능에 대해 설명할 수 있다.	-는다고 하다 -냐고 하다	문자 메시지 언어
	2. 이따가 수업이 끝나면 전화하라고 해	다른 사람에게 메시지를 전할 수 있다.	-자고 하다 -으라고 하다	
15과 예약과 주문	1. 주말이라서 예약 손님이 많아요	장소를 예약할 수 있다.	-어 달라고(주라고) 하다 이라서	한국의 배달 음식
	2. 도시락 1인분만 배달해 주세요	배달 주문을 할 수 있다.	만 -었던	

과	제목	학습 목표	문형	문화
16과 건강	1. 콧물이 나는 데다가 열도 나요	몸이 아플 때 증상을 설명할 수 있다.	-는 데다가 ㅅ동사	한국의 배달 음식
	2. 비타민이라도 좀 먹어봐	증상에 맞는 약과 그 약의 복용 방법에 대해 설명할 수 있다.	이라도 -지 않으면 안 되다	
17과 취미	1. 농구만큼 재미있는 게 없어요	취미를 소개하고 장점에 대해 이야기할 수 있다.	만큼 -어도	
	2. 자전거를 탈 줄 아세요?	취미 활동에 대해 구체적으로 설명할 수 있다.	-을 줄 알다(모르다) -던	한국인의 새해 계획
18과 계획	1. 방학 때 아르바이트를 하는 사람이 많던데요	휴일 계획을 이야기할 수 있다.	-던데요 이든지	
	2. 날마다 운동을 하려고 했는데 하루밖에 못 했어	하고 싶은 일에 대한 계획을 이야기할 수 있다.	밖에 -을 줄 알았다	
19과 여행	1. 인터넷으로 검색한 뒤에 가장 좋은 곳을 골랐어요	여행한 경험에 대해 이야기할 수 있다.	이나[3] -은 뒤에	
	2. 가족 여행을 가기로 했으면 설악산에 가는 게 어때요?	여행지를 추천할 수 있다.	-기로 하다 -자마자	서울로 떠나는 여행
20과 날씨와 생활	1. 비가 내릴 거라고 하니까 다른 걸 하는 게 좋겠어	날씨에 맞는 활동을 제안할 수 있다.	-는다고 하니까 -지 말고	
	2. 운전하기 힘들 테니까 버스를 타고 나갈까?	날씨에 맞는 활동을 계획할 수 있다.	접속사 -을 테니까	

차례

등장인물 | Main characters

에릭 파커
- 미국
- 한국어학당 학생
- 한국 전자 직원

존 카마우
- 케냐
- 한국어학당 학생
- 교환 학생

사토 유키
- 일본
- 한국어학당 학생
- 기자

리타오
- 중국
- 한국어학당 학생
- 대학 입학 예정자

노라 한슨
- 노르웨이
- 한국어학당 학생
- 대학원 입학 예정자

최주앙
- 브라질
- 한국어학당 학생
- 대학 휴학생

응웬 흐엉
- 베트남
- 한국어학당 학생

레오 마르탱
- 프랑스
- 한국어학당 학생
- 요리사

올리비아 스미스
- 호주
- 한국어학당 학생
- 외교관

이윤아
- 한국
- 대학생

정하늘
- 한국
- 대학생

김우진
- 한국
- 한국 전자 직원

새 연세한국어

말하기와 쓰기 2-2

11과 교통

1. 2호선을 타고 가다가 6호선으로 갈아타세요

• 학습 목표: 대중교통을 이용해서 목적지까지 가는 방법을 설명할 수 있다.

Ⅰ. 준비해 봅시다

- 여러분은 버스와 지하철 중에서 무엇을 자주 탑니까?
- 가고 싶은 곳까지 가는 방법을 모르면 어떻게 합니까?

이야기해 봅시다

1 가고 싶은 곳이 있습니다. 어떻게 가야 하는지 인터넷에서 찾아 보기 와 같이 이야기하십시오.

인터넷 길찾기

1. 인터넷 사이트에서 '길 찾기'를 누른다.
2. 출발 장소와 도착 장소를 넣는다.
3 '길 찾기' 버튼을 누르면
-도착지까지 가는 버스와 지하철
-갈아타는 버스 정류장과 갈아타는 곳
-걸리는 시간을 알 수 있다.

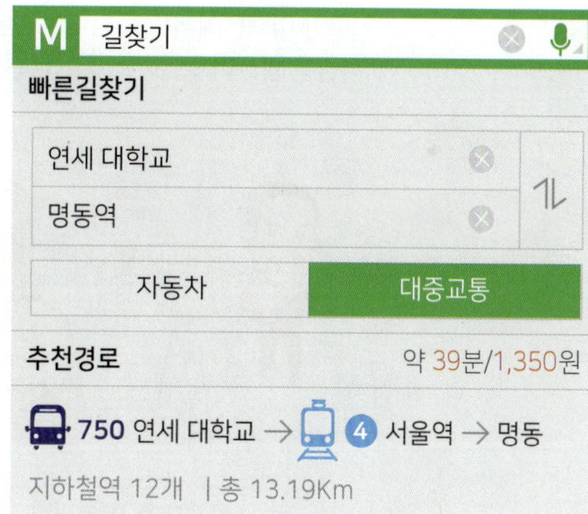

	출발	도착	교통수단		갈아타는 곳	걸리는 시간
			버스	지하철		
❶	연세 대학교	명동역	750		서울역 / 4호선	25분
❷	안국역	강남역		3호선	교대역 / 2호선	30분
❸	광화문역	고속터미널역		5호선	종로3가역 / 3호선	27분
❹					/	

보기

가: 연세 대학교에서 명동역까지 어떻게 가는지 아세요?
나: 연세 대학교 앞에서 750번 버스를 타세요.
가: 명동역까지 한 번에 갈 수 있어요?
나: 아니요, 서울역에서 지하철 4호선으로 갈아타세요.
가: 얼마나 걸릴까요?
나: 25분쯤 걸릴 것 같네요.

누르다 교통수단 명동역 서울역 안국역 강남역 교대역 광화문역
고속터미널역 종로3가역

2 어떻게 가야 합니까? 지하철 노선도를 보고 보기 와 같이 이야기하십시오.

출발	신촌역 2호선	경복궁역 3호선	이대역 2호선	압구정역 3호선
갈아타는 곳	합정역 6호선	을지로3가역 2호선	충정로역 5호선	호선
도착	이태원역	종합운동장역	여의나루역	
걸리는 시간	25분	45분	15분	

보기

가: **이태원에** 갈 일이 있는데 어떻게 가는 게 좋을까요?

나: **이태원에요?** 왜요?

가: **친구가 식당을 열었는데 가 보려고요.**

나: 어디에서 출발할 거예요?

가: **신촌에서** 출발할 거예요.

나: 그럼 **신촌역에서 2호선을** 타고 가다가 **합정역에서** 내리세요.
거기서 **6호선으로** 갈아타고 **이태원역에서** 내리세요.

가: 시간이 얼마나 걸릴까요?

나: **25분쯤** 걸릴 것 같아요.

가: 가르쳐 줘서 고마워요.

나: 잘 다녀오세요.

합정역　경복궁역　을지로3가역　종합운동장역　이대역　충정로역
여의나루역　압구정역

III. 써 봅시다

1 이번 주말에 친구가 서울에 옵니다. 서울역에서 우리 집까지 오는 방법을 문자 메시지로 쓰십시오.

우리 집 위치	______	
교통수단	지하철 ______ 호선	
	버스 ______ 번	
갈아타는 곳	______ 에서	
	______ 으로/로 갈아탄다	
내리는 곳	지하철역	______ 역
	버스 정류장	______ 정류장

내려서 우리 집까지 오는 방법	______ 에서 내려서 ______ 으면/면 ______ 에 우리 집이 있다

우리 집은 ______

서울역에서 ______

______

______

______ 에서 내려.

______ 에서 내려서

______

______ 으면/면

______ 에

우리 집이 있어.

찾기 힘들면 연락해.

11과

교통

2. 경복궁 앞으로 해서 가 주세요

• 학습 목표: 차로 목적지까지 가는 방법을 설명할 수 있다.

Ⅰ. 준비해 봅시다

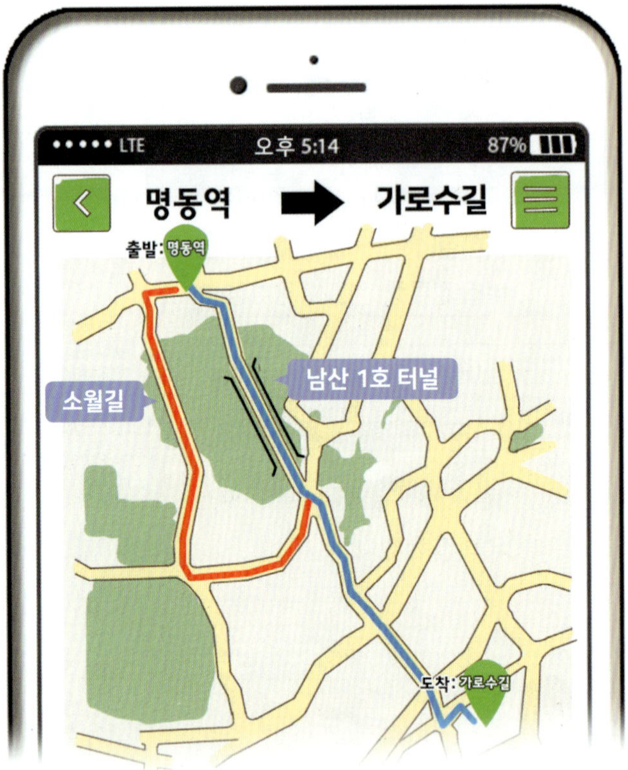

- 이 지도에서 어느 길로 가면 빨리 갈 것 같습니까?
- 여러분은 택시에서 목적지에 가는 길을 설명할 수 있습니까?

이야기해 봅시다

1 택시를 탔습니다. 다음 표현을 사용하여 보기와 같이 이야기하십시오.

택시를 타고
시청으로 가 주세요.

	우회전해 주세요.
	좌회전해 주세요.
	유턴해 주세요.
	직진해 주세요.

택시에서 내릴 때
횡단보도 앞에서 세워 주세요. **사거리 지나서** 내려 주세요.

①	②	③	④
시청	호주 대사관	한국 대학교	강남역
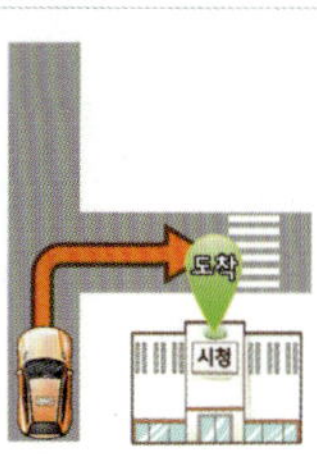	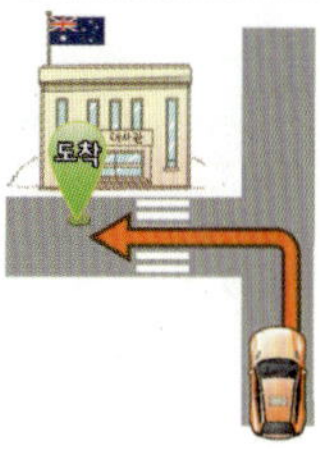	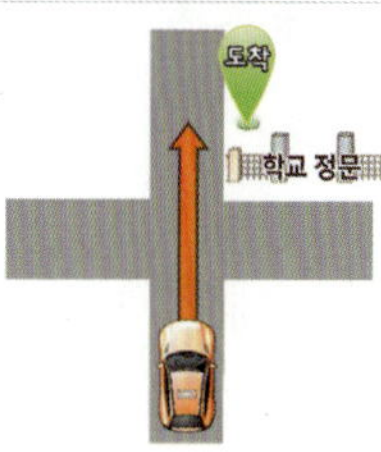	

보기

가: 어서 오세요. 어디까지 가십니까?

나: 기사님, **시청으로** 가 주세요.

……(잠시 후)……

가: 어느 쪽으로 갈까요?

나: 저기에서 **우회전해 주세요**.

가: 어디에 세워 드릴까요?

나: **횡단보도 앞에서 세워 주세요**. 고맙습니다.

우회전　좌회전　유턴　직진　세우다　기사

2 택시를 타고 갑니다. 어느 쪽 길로 갈까요? 그림을 보고 보기 와 같이 이야기하십시오.

①	②	③	④
명동 → **연세대학교**	한글 박물관 → **경복궁**	남대문 시장 → **강남역**	서대문 소방서 → **세브란스 병원**
	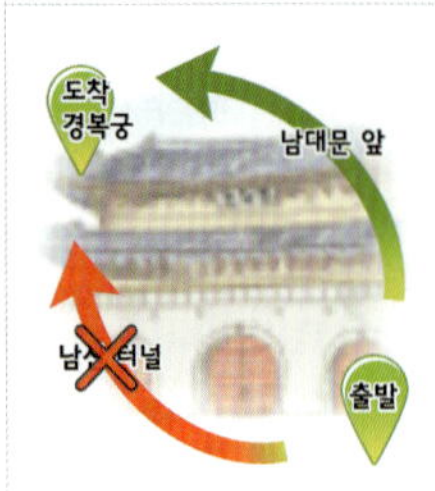		
서울역 앞으로 해서 X 경복궁 앞으로 해서 O	남산 1호 터널로 해서 X ______으로/로 해서 O	남산 3호 터널로 해서 X ______으로/로 해서 O	______으로/로 해서 X ______으로/로 해서 O
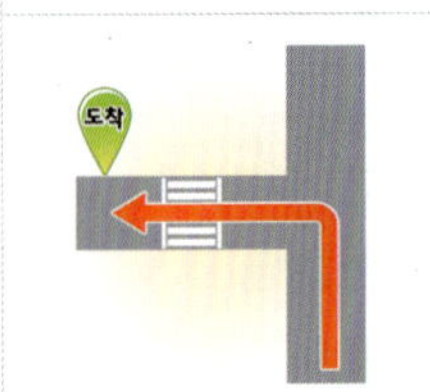	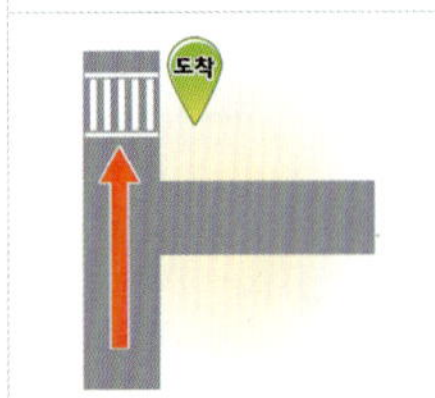	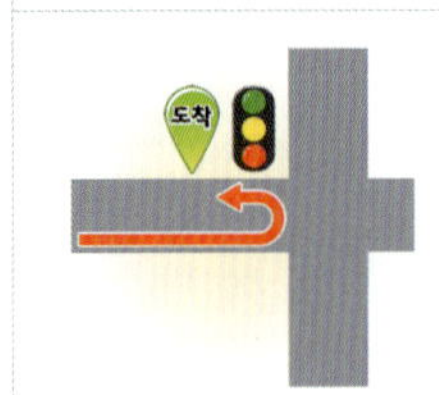	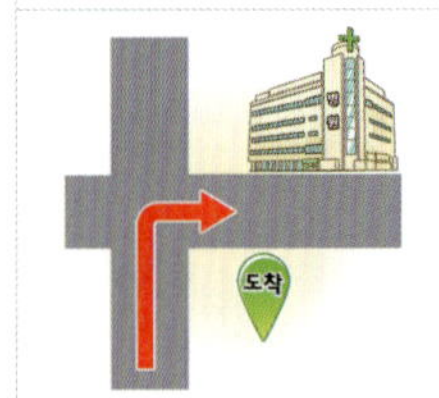

보기

가: 어서 오세요, 어디로 가십니까?

나: **연세대학교로** 가 주세요.

가: 알겠습니다. **서울역 앞으로 해서** 갈까요?

나: 그쪽은 퇴근할 때 길이 자주 막히는데 다른 길은 없어요?

가: 차가 안 밀리는 곳으로 가려면 **경복궁 앞으로 해서** 가야 해요.

나: 그럼, **경복궁 앞으로 해서** 가 주세요.

……(잠시 후)……

가: 손님, 거의 다 왔습니다.

나: 저기에서 **좌회전해 주세요**.

가: 어디에 세워 드릴까요?

나: **횡단보도 지나서 세워 주세요**. 고맙습니다.

터널 소월길 세브란스 병원 성산로 퇴근하다 막히다 밀리다

III. 써 봅시다

친구가 차로 기숙사에 옵니다. 그림을 보고 기숙사까지 오는 방법을 이메일로 쓰십시오.

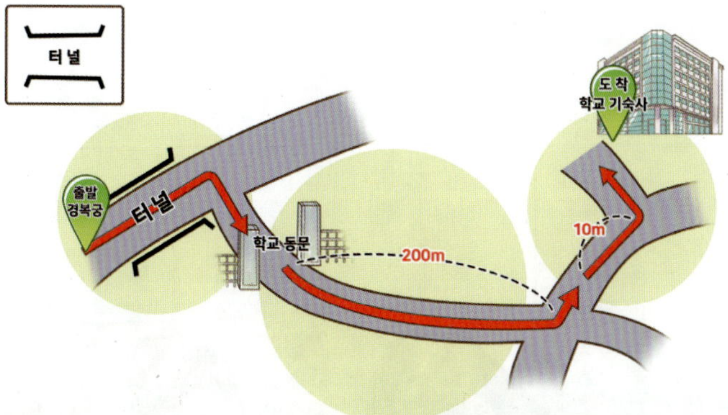

보낸 사람 ______@______

받는 사람 ______@______

제 목 차로 기숙사 앞까지 오는 방법

안녕? 나 ______이야.

내일 내가 이사하는데 차를 가지고 기숙사 앞으로 와 줄 거지? 고맙다.

경복궁 쪽에서 올 때 안 막히는 길로 오려면 터널로 해서 와야 해. 오는 길을 가르쳐 줄게.

먼저 ______________________________

____

그다음에 ______________________________

____

그리고 ______________________________

______________________________ 내가 그 앞에서 기다리고 있을게.

잘 찾아올 수 있겠지?

내일 보자. 안녕.

______

동문

12과 학교생활

1. 수업을 열심히 들어야 시험을 잘 볼 수 있어

• 학습 목표: 학교생활에 대해 설명할 수 있다.

Ⅰ. 준비해 봅시다

- 이 사람들이 무엇을 하는 것 같습니까?
- 시험을 잘 보려면 어떻게 하는 게 좋습니까?

이야기해 봅시다

1 친구와 수업에 대해 이야기합니다. 보기 와 같이 이야기하십시오.

①

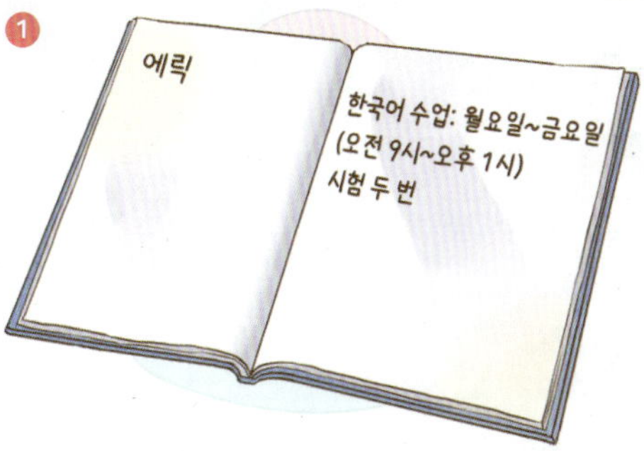

②

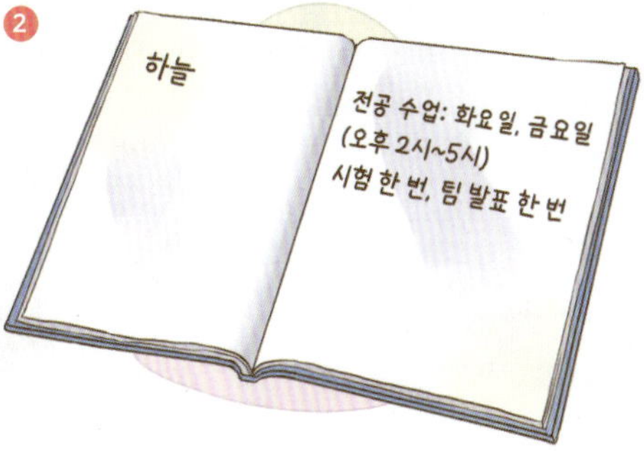

③

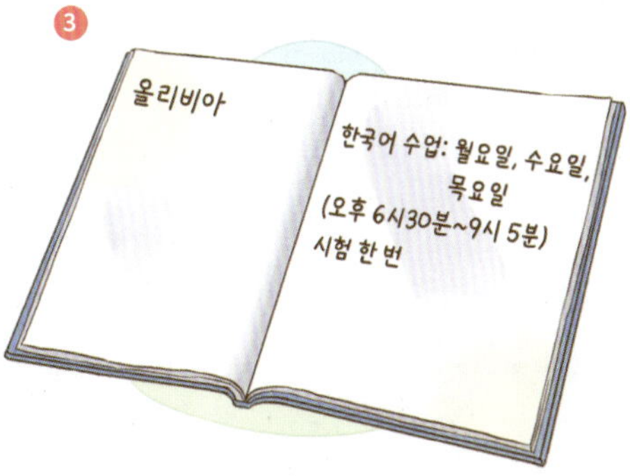

④

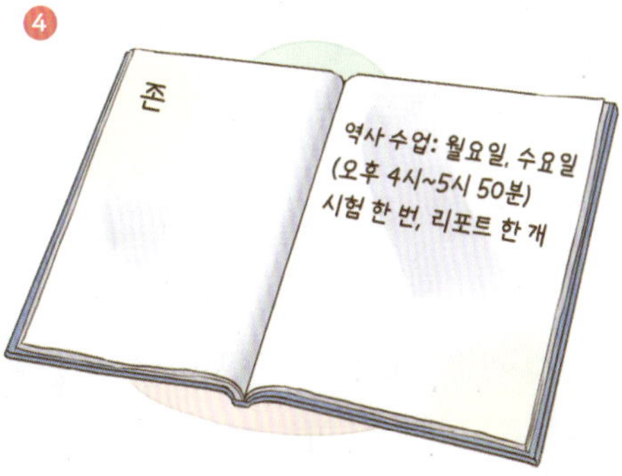

보기

가: 에릭 씨, 한국어 수업이 날마다 있어요?

나: 네, 월요일부터 금요일까지 수업이 있어요.

가: 몇 시에 수업을 시작해요?

나: 오전 9시에 시작해서 오후 1시에 수업이 끝나요.

가: 시험은 몇 번 보면 돼요?

나: 시험은 두 번 보면 돼요.

발표　리포트　시작하다

2 학교생활 중 무엇이 제일 어렵고 힘듭니까? 보기 와 같이 이야기하십시오.

❶	❷	❸	❹
·수업을 열심히 듣는다. ·복습을 열심히 한다.	· 단어를 예습한다. · 모르면 수업 시간에 질문한다.	· 열심히 외운다. · 여러 사람 앞에서 연습한다.	· ·

보기

가: 타오, 요즘 학교생활이 어때?

나: 재미있지만 조금 힘들어.

가: 뭐가 제일 힘들어?

나: 시험 준비하는 게 제일 힘들어. 어떻게 해야 해?

가: 수업을 열심히 들어야 시험을 잘 볼 수 있어.

나: 또 다른 건 없어?

가: 복습을 열심히 하면 돼.

나: 오늘부터 그렇게 해야겠다.

가: 그렇게 하면 시험을 잘 볼 수 있을 거야.

나: 알려 줘서 고마워.

열심히　복습　이해하다　질문하다　외우다　연습하다

III. 써 봅시다

친구가 학교생활에 대해 알고 싶어 합니다. 그 친구에게 학교생활을 소개하는 이메일을 쓰십시오.

수업	
수업이 있는 요일	
수업 시간	
시험	
시험공부 방법	
출석/결석/지각	

보낸 사람 ______ @ ______

받는 사람 ______ @ ______

제 목

______

잘 지내고 있지? 나도 잘 지내고 있어. 요즘 학교생활이 많이 익숙해졌어. 지난번에 학교생활에 대해서 물어봤지? 이메일 보내는 걸 잊어버려서 대답이 늦었어. 미안해.

지금 나는 ______ 수업을 듣고 있어. 수업은 ______

시험은 ______

시험을 잘 보려면 ______

더 알고 싶은 게 있으면 연락해. 잘 지내. 안녕!

______ 씀

출석 잊어버리다

12과 학교생활

2. 뭐 좀 물어 보려고 왔는데요

• 학습 목표: 학교생활에 대해 문의할 수 있다.

Ⅰ. 준비해 봅시다

- 이 사람이 무엇을 하려고 사무실에 간 것 같습니까?
- 여러분은 학교 사무실에 가서 궁금한 것을 물어 본 적이 있습니까?

이야기해 봅시다

1 물어볼 것이 있어서 학교 사무실에 갔습니다. 보기 와 같이 이야기하십시오.

●
- 사무실에서 신청서를 쓰고 등록한다.
- 등록 후에는 취소할 수 없다.

●
- 사무실에서 휴학 신청서를 쓴다
- 두 학기 이상 휴학하면입학시험을 다시 봐야 한다.

●
- 사무실에서 신청서를 쓴다.
- 2~3일 후에 사무실로 와서 찾아야 한다.

●
- 버스를 탈 때 학생증을 보여 주고 탄다.
- 경복궁역과 신촌역에서 탈 수 있다.

보기

가: 안녕하세요? 뭐 좀 물어 보려고 왔는데요.
나: 네, 무슨 일이세요?
가: 학교 스포츠 센터를 이용하고 싶은데요.
나: 사무실에서 신청서를 쓰고 등록하시면 됩니다.
등록 후에는 취소할 수 없습니다.
가: 알겠습니다. 감사합니다.
나: 네, 안녕히 가세요.

신청서 등록하다 휴학

2 사무실에 가서 직원과 이야기합니다. 보기 와 같이 이야기하십시오.

	기숙사	요리 수업	언어 교환	아르바이트
	들어가는 날짜 : 학기마다 다르다	재료비 : 수업마다 다르다	시작하는 날짜 : 지금 알 수 없다	
	결과 발표 날짜			
사무실 직원	신청할 때	신청하고 일주일 후에	오리엔테이션 이틀 전에	

보기

가: 실례지만 뭐 좀 물어 볼 게 있는데요.

나: 네, 무슨 일이세요?

가: 여기에서 **기숙사를** 신청할 수 있어요?

나: 학교 홈페이지에서 신청해야 하는데요.

가: **기숙사에 들어가는 날짜는 언제인가요?**

나: **학기마다 다르니까** 홈페이지 내용을 확인하세요.

가: 신청 결과는 언제 알 수 있어요?

나: **신청할 때** 확인할 수 있어요.

가: 네, 알겠습니다. 감사합니다.

나: 안녕히 가세요.

신청하다 재료비 결과 확인하다

III. 써 봅시다

여러분도 학교 사무실에 물어보고 싶은 것이 있습니까? 그 내용을 이메일로 쓰십시오.

제목	______고 싶습니다.
자기소개	
알고 싶은 내용	
끝인사	

보낸 사람 ______@______

받는 사람 ______@______

제 목 ______고 싶습니다.

안녕하세요? 저는 ______입니다.

______고 싶습니다.

______은데요/ㄴ데요/는데요. ______

그럼 답장 기다리겠습니다. 감사합니다.

안녕히 계세요.

______ 드림

복습 11-12과

1 보기 와 같이 이야기하십시오.

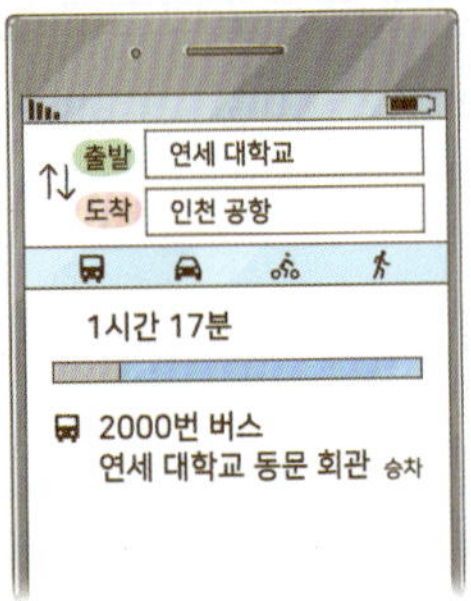

출발지	도착지	교통수단	타는 곳	갈아타기	걸리는 시간
연세 대학교	인천 공항	2000번 버스	연세 대학교 동문 회관 앞	X	1시간 17분

보기

가: 연세 대학교에서 인천 공항까지 어떻게 가는지 아세요?

나: 저도 잘 모르는데 길찾기 앱을 이용해 보세요.

가: 그게 좋겠네요. 지금 찾아볼게요.

나: 출발지에 연세 대학교를 넣고 도착지에 인천 공항을 넣으세요.

가: 네, 잠깐만요, 그다음에는요?

나: 그다음에 교통수단을 고르세요.

가: 연세 대학교 동문 회관 앞에서 2000번 버스를 타면 갈 수 있네요.
갈아타지 않고 한 번에 가요.

나: 여기에 걸리는 시간도 나와 있어요. 1시간 17분 걸려요.

2 다음 질문으로 친구와 이야기하십시오.

질문	친구	나
고향에서는 몇 월에 학기가 시작돼요?		
방학은 언제부터 언제까지예요?		
1교시 수업은 몇 시에 시작해요?		
수업이 보통 몇 시에 끝나요?		
수업이 끝나면 학생들이 보통 무엇을 해요?		

출발지 도착지 동문 회관

3 여러분 나라의 학교생활을 소개하는 글을 쓰십시오.

연습하기

문화 교통 카드 사용법

한국에서는 버스나 지하철을 탈 때 보통 현금보다 교통 카드를 사용합니다. 교통 카드를 사용하면 편리하고 현금을 낼 때보다 요금이 쌉니다. 환승은 네 번까지 무료로 할 수 있는데 하차 후 30분이 지나서 갈아타거나 같은 번호의 버스로 갈아타면 요금을 다시 내야 합니다. 교통 카드는 편의점이나 지하철역에서 살 수 있고 충전도 할 수 있습니다. 교통 카드 기능이 있는 신용 카드나 모바일 교통 카드를 사용하기도 합니다. 요즘은 마트나 커피숍 등에서도 교통 카드로 결제할 수 있고 교통 카드 앱으로 남은 돈을 확인할 수도 있습니다.

1. 한국에서 사용하는 교통 카드의 좋은 점은 무엇입니까?
2. 여러분 나라에도 교통 카드가 있습니까? 교통 카드를 다른 곳에서도 사용할 수 있습니까?

13과 공공 기관

1. 통장을 만드는 동안 잠시 기다려 주십시오

• 학습 목표: 은행 이용 방법을 문의할 수 있다.

Ⅰ. 준비해 봅시다

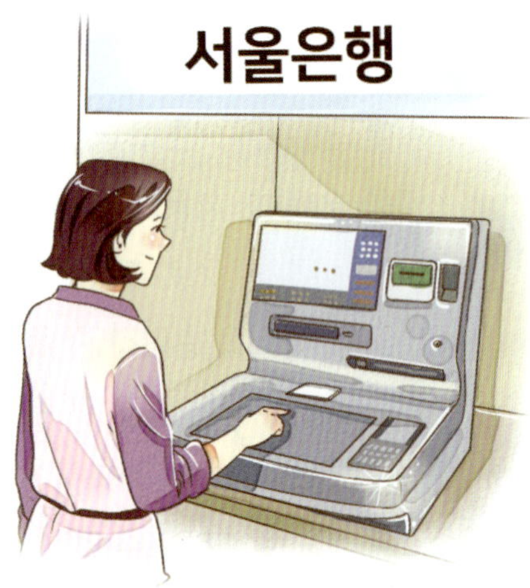

- 은행에서 무엇을 할 수 있습니까?
- 여러분은 은행에서 무슨 일을 해 봤습니까?

이야기해 봅시다 **1** 친구에게 은행을 이용하는 방법에 대해 이야기합니다. 보기 와 같이 이야기하십시오.

	①	②	③	④
필요한 것	외국인 등록증 / 여권			
써야 할 것	이름, 주소, 연락처	받는 사람의 계좌 번호와 이름	계좌 번호, 이체 날짜	계좌 번호, 인터넷 뱅킹 아이디

보기

가: 은행에서 **체크 카드를 만들려고** 하는데요.

나: 저도 얼마 전에 **체크 카드를 만들었어요.**

가: 그래요? 어떻게 **만들면** 돼요?

나: 외국인 등록증이나 여권을 가지고 가서 통장부터 만드세요.

가: 그다음에는요?

나: 직원이 주는 신청서에 **이름, 주소, 연락처를** 쓰면 될 거예요.

체크 카드 외국인 등록증 연락처 계좌 번호 자동 이체 인터넷 뱅킹 아이디(ID) 통장

2 은행에 가서 직원과 이야기합니다. 보기 와 같이 이야기하십시오.

	❶	❷	❸	❹
하려는 일	 통장 만들기	 돈 보내기	 인터넷 뱅킹 신청하기	?
필요한 것	외국인 등록증이나 여권	통장이나 체크 카드	통장이나 체크 카드	
써야 할 것	이름, 주소, 연락처	받는 사람의 계좌 번호와 이름	계좌 번호, 인터넷 뱅킹 아이디	

보기

가: 무엇을 도와 드릴까요?

나: **통장을 만들려고** 하는데요.

가: 저희 은행에 계좌가 있으십니까?

나: **아니요, 없습니다.**

가: 우선 **신분증부터** 주시겠습니까?

나: **외국인 등록증을** 드리겠습니다.

가: 네, 이 서류에 **이름과 주소, 연락처를** 쓰고 서명해 주세요.

나: 됐습니까?

가: 네, **통장을 만드는** 동안 잠시 기다려 주십시오.

나: 알겠습니다.

계좌 우선 신분증 서명하다

III. 써 봅시다

여러분은 은행에 가서 무슨 일을 했습니까? 친구와 이야기하고 은행에 간 일에 대해 쓰십시오.

질문	친구	나
은행에 간 적이 있어요?		
은행에 무엇을 하러 갔어요?	□ 통장 만들기 □ 저금 □ 환전 □ 돈 보내기 □ 공과금 내기 □	□ 통장 만들기 □ 저금 □ 환전 □ 돈 보내기 □ 공과금 내기 □
은행이 어땠어요?		
순서를 기다리는 동안 뭘 했어요?		
한국 은행과 고향 은행은 어떤 점이 달라요?		

은행에 간 일

나는

은행은

나는 순서를 기다리는 동안

내 순서가 되었을 때

우리 고향에서는

저금 환전 공과금 내다 순서

13과 공공 기관

2. 두 달이나요?

• 학습 목표: 우체국 이용 방법을 문의할 수 있다.

Ⅰ. 준비해 봅시다

- 이 사람이 우체국에서 무엇을 하고 있습니까?
- 여러분은 우체국에 가서 편지나 소포를 보낸 적이 있습니까?

이야기해 봅시다

1 우체국에서 할 수 있는 일입니다. 보기 와 같이 이야기하십시오.

등기 우편
· 중요한 서류를 보내고 받을 때까지 위치를 알 수 있다.
· 빠른 등기 / 보통 등기

국제 우편
· 외국으로 편지나 소포를 보낼 수 있다.
· 항공편 / 배편

우체국 택배
· 국내에서 물건을 보내고 받을 수 있다.
· 우체국에 가서 보낼 수 있다.
/ 집에서도 보낼 수 있다.

무인 우편
· 우체국이 열지 않는 아침 8시부터 밤 10시까지 이용할 수 있다.
· 다른 도시로 보낼 수 있다.
/ 외국으로도 보낼 수 있다.

① 중요한 대학교 입학 서류를 보내야 해요.

② 다른 나라로 편지를 보내야 해요.

③ 부산에 사는 친구에게 물건을 보내야 해요.

④ 퇴근하고 저녁 시간에 소포를 보내고 싶어요.

보기

가: 중요한 대학교 입학 서류를 보내야 하는데 어떻게 하면 좋을까요?
나: 등기 우편으로 보내세요.
가: 그게 뭔가요?
나: 중요한 서류를 보내고 받을 때까지 위치를 알 수 있는 서비스예요.
가: 그렇군요. 고마워요.
나: 빠른 등기도 있고 보통 등기도 있어요.

등기 중요하다 국제 우편 소포 항공편 배편 택배 무인 우편

2 우체국에 가서 직원과 이야기합니다. 다음 표를 보고 보기 와 같이 이야기하십시오.

<국제 소포 요금표>

무게 \ 나라	항공편 요금(원) 중국 (10일)	프랑스 (15일)	베트남 (10일)	케냐 (20일)	배편 요금(원) 중국 (두 달)	프랑스 (세 달)	베트남 (세 달)	케냐 (네 달)
~ 6Kg까지	**39,000**	43,000	31,000	91,000	**24,000**	30,500	26,000	35,000
~ 10Kg까지	52,000	64,000	47,000	107,000	34,000	43,000	35,000	50,500

<국제 항공 편지/서류 요금표>

무게 \ 나라	국제 특급 항공 요금(원) 중국 (3일)	프랑스 (5일)	베트남 (3일)	케냐 (5일)	보통 항공 요금(원) 중국 (7일)	프랑스 (14일)	베트남 (10일)	케냐 (20일)
~ 500g까지	22,000	25,000	17,000	32,000	6,070	10,400	8,800	14,000
~ 1kg까지	25,000	29,000	18,500	38,000	10,900	20,100	17,500	28,000

① 소포

② 소포

③ 편지

④ 서류

보기

가: 소포를 좀 부치러 왔는데요.

나: 저울에 올려놓으세요. 어디로 부치실 건가요?

가: 중국으로 부칠 거예요.

나: 5kg입니다. 항공편으로 부치실 건가요? 배편으로 부치실 건가요?

가: 항공편이요. 요금이 얼마예요?

나: 39,000원입니다. 도착하려면 열흘 정도 걸립니다.

가: 39,000원이나 내야 해요? 그럼 배편은요?

나: 24,000원입니다. 이건 두 달쯤 걸릴 거예요.

가: 두 달이나요? 그럼 항공편으로 할게요.

나: 네, 여기에 받으시는 분의 이름과 주소를 써 주세요.

요금표　무게　국제 특급　부치다　저울　올려놓다　열흘

III. 써 봅시다

인터넷 우체국을 이용한 적이 있습니까? 다음을 보고 인터넷 우체국 택배 서비스의 이용 순서를 설명하는 글을 쓰십시오.

인터넷 우체국 홈페이지 들어가기
↓
'우체국 택배' 누르기
↓
'택배 방문 예약' 누르기
↓
회원이십니까?

네 ↙ 로그인 하기 ↘
↘ 아니요 '비회원 신청하기' ↙

'신청하는 사람', '받는 사람', '보내는 물건' 쓰기
↓
'신청하기'

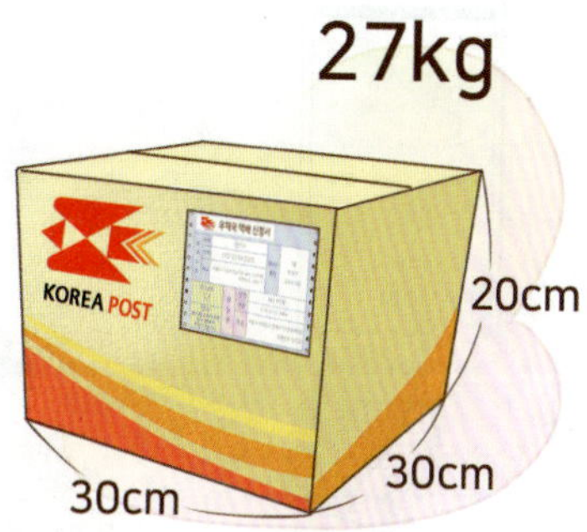

인터넷 우체국 택배 서비스 이용 방법

먼저 인터넷 우체국 홈페이지에 들어간다. 그리고

회원이 아니면

그다음에

인터넷 우체국 택배의 좋은 점은 무거운 물건을 가지고 직접 우체국에 가지 않아도 되는 편리함이다. 우체국 택배 기사가 물건을 가지러 집으로 와 준다. 그리고

기 때문에 좋다.

그렇지만 상자 무게가 30kg보다 무겁지 않아야 한다.

방문 비회원 상자

14과 전화

1. 휴대 전화로 영화를 보는 사람들이 많아졌다고 해

• 학습 목표: 휴대 전화의 기능에 대해 설명할 수 있다.

Ⅰ. 준비해 봅시다

- 이 사람들이 휴대 전화로 무엇을 하고 있습니까?
- 여러분은 요즘 휴대 전화로 무엇을 많이 합니까?

이야기해 봅시다

1 휴대 전화로 무엇을 합니까? 보기 와 같이 이야기하십시오.

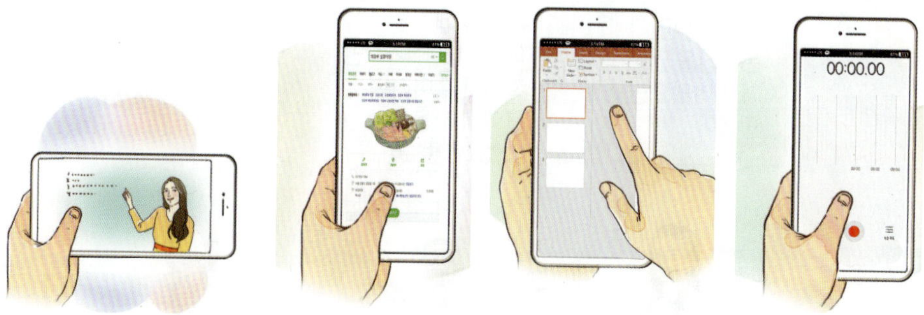

· 동영상 수업을 들어.
· 영화도 봐.

· 맛집을 찾아.
· 음식도 주문해.

· 신문 기사를 검색해.
· 발표 준비도 해.

· 노래를 만들어서 녹음해.
· 음악도 들어.

① 에릭 ② 유키 ③ 노라 ④ 존

보기

가: 에릭, 지금 뭘 하고 있어?
나: 동영상 수업을 듣고 있어.
가: 너는 휴대 전화로 여러 가지 일을 하는구나.
나: 응, 나는 휴대 전화로 수업도 듣고 영화도 봐.
가: 나도 휴대 전화로 가끔 영화를 보는데 편해서 좋아.
나: 맞아. 요즘 휴대 전화로 영화를 보는 사람들이 많아졌다고 해.

동영상 맛집 주문하다 신문 기사 검색하다 녹음하다

2 어떤 휴대 전화를 갖고 싶습니까? 보기 와 같이 이야기하십시오.

· 들고 다니면서 동영상을 많이 봐.
· 더 가벼웠으면 좋겠어.

❶ 흐엉

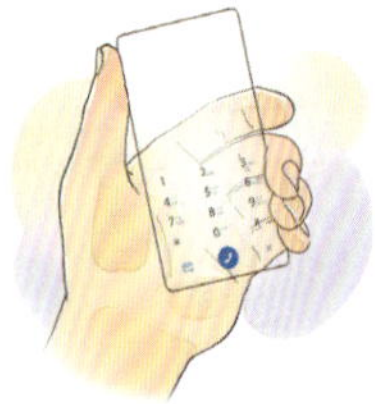

· 샤워할 때 메시지나 전화가 오면 확인하기 어려워.
· 물에서 사용할 수 있었으면 좋겠어.

❷ 존

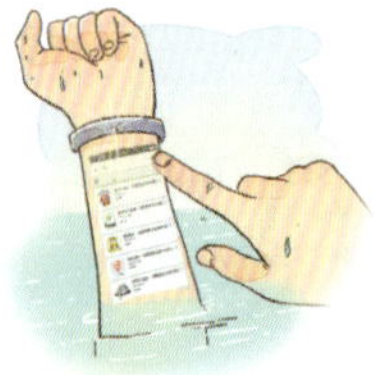

· 주머니나 지갑에 넣고 다니고 싶어.
·

❸ 유키

·
·

❹

?

보기

가: 흐엉, 그 휴대 전화를 사용한 지 얼마나 됐어?

나: 1년쯤 됐는데 바꾸고 싶어.

가: 왜? 고장 났어?

나: 아니, 난 들고 다니면서 동영상을 많이 봐. 더 가벼웠으면 좋겠어.

가: 친구가 휴대 전화를 샀는데 새 제품이 괜찮다고 했어.

나: 그래? 어떤 점이 좋다고 했어?

가: 어떤 점이 좋냐고 물어보니까 가벼워서 좋다고 했어.

나: 나도 가서 알아봐야겠다.

가: 지하철역 근처에 가게가 있으니까 한번 가 봐.

나: 알겠어, 고마워.

고장이 나다　새

III. 써 봅시다

여러분은 휴대 전화를 얼마나 사용합니까? 친구와 같이 이야기하고 휴대 전화를 어떻게 사용하고 있는지 쓰십시오.

질문	친구	나
휴대 전화를 하루에 몇 시간 사용해요?		
휴대 전화로 무엇을 많이 해요?		
휴대 전화로 자주 사용하는 앱이 있어요?		
그 앱은 어떤 것인가요?		
휴대 전화는 어떤 점이 좋아요?		
휴대 전화의 불편한 점은 뭐예요?		
다음에는 어떤 휴대 전화를 사고 싶어요?		

휴대 전화와 나의 생활

요즘 많은 사람들이 휴대 전화를 사용한다. 우리 반 친구들도 많이 사용한다. 친구들은 보통 하루에 ________ 시간쯤 사용한다고 한다. 나는 하루에 ________________

나는 보통 휴대 전화로 ________________

________ 친구들은 ________________

____

내가 자주 사용하는 휴대 전화 앱은 ________________

____

____

지금 쓰는 휴대 전화는 ________________

________ 다음에는 ________________

____

14과 전화

2. 이따가 수업이 끝나면 전화하라고 해

• 학습 목표: 다른 사람에게 메시지를 전할 수 있다.

Ⅰ. 준비해 봅시다

- 한국어로 문자 메시지를 보낸 적이 있습니까?
- 그 메시지는 무슨 내용이었습니까?

이야기해 봅시다

1 존이 문자 메시지를 받았습니다. 보기 와 같이 이야기하십시오.

❶ 주앙

나 오늘 늦게 일어나서 학교에 못 갔어. ㅠㅠ
오늘 숙제가 뭐야?

그리고 시험 시간은 몇 시야? 이따가 수업이 끝나면 전화해.

❷ 에릭

오늘 저녁에 동아리 모임이 있어. 나는 먼저 출발할 거야. 너는 아르바이트가 끝나면 따로 와.

데려오고 싶은 사람이 있으면 같이 와도 돼. 이따가 보자.

❸ 서울 식당

[Web발신]

(광고)서울 식당! 불고기와 갈비를 30% 세일합니다.

4인분 이상 주문하시면 음료수도 서비스로 드립니다. 빨리 예약하세요.

❹

보기

가: 누구에게서 온 문자 메시지야?
나: 주앙에게서 온 문자 메시지야.
가: 뭐라고 해?
나: 주앙이 오늘 늦게 일어나서 학교에 못 왔다고 해. 오늘 숙제가 뭐냐고 해.
가: 다른 이야기는 없어?
나: 그리고 시험 시간은 몇 시냐고 해. 이따가 수업이 끝나면 전화하라고 해.

따로　데려오다　발신

2 동창회에 오지 못한 친구에게 동창들의 소식을 전하려고 합니다. 보기 와 같이 이야기하십시오.

· 한국 회사에서 일하고 있어.
· 내년에 결혼을 할 거야.
· 출장이 있어서 한국에 자주 와.
다른 친구들과 함께 한번 보자.

❶ 안나

· 대학원에 다니고 있어.
· 동호회에서 좋은 사람을 만났어.
· 요즘도 사진 찍으러 한강에 자주 가.
다음 주 전시회 때 꼭 와.

❷ 스티브

어떻게 지내?

사귀는 사람은?

보고 싶다.

· 요즘 일이 많아서 좀 바빠.
· 사귀는 사람이 없어.
· 아직 남산 근처에 살고 있어.
다음 달 생일 파티 때 꼭 보자.

❸ 샤오민

❹ 리나

· 박물관에서 일하고 있어.
· 남자 친구가 한국 사람이야.
· 요즘도 여행을 자주 다녀.
다음 달에 한국에 또 오니까 보자.

보기

가: 지난 주말에 동창회 어땠어?

나: 너도 왔으면 좋았을 거야. 모두 네가 어떻게 지내냐고 물어봤어.

가: 안나도 왔어? 안나는 요즘 어떻게 지낸다고 해?

나: 한국 회사에서 일하고 있다고 해.

가: 사귀는 사람은 있다고 해?

나: 응, 내년에 결혼을 할 거라고 해.

가: 그렇구나. 보고싶다.

나: 출장이 있어서 자주 온다고 해. 그리고 다른 친구들과 함께 한번 보자고 했어.

가: 그래! 그때는 꼭 시간을 낼게.

나: 응, 그때 보자.

함께 한강 남산 시간을 내다

III. 써 봅시다

주말에 고향에 돌아가는 친구의 송별회를 하려고 합니다. 친구들과 송별회를 계획하고 다른 친구에게 그 내용을 문자 메시지로 보내십시오.

언제 만날까?	
어디에서 할까?	
만나서 무엇을 할까?	
무엇을 준비할까?	

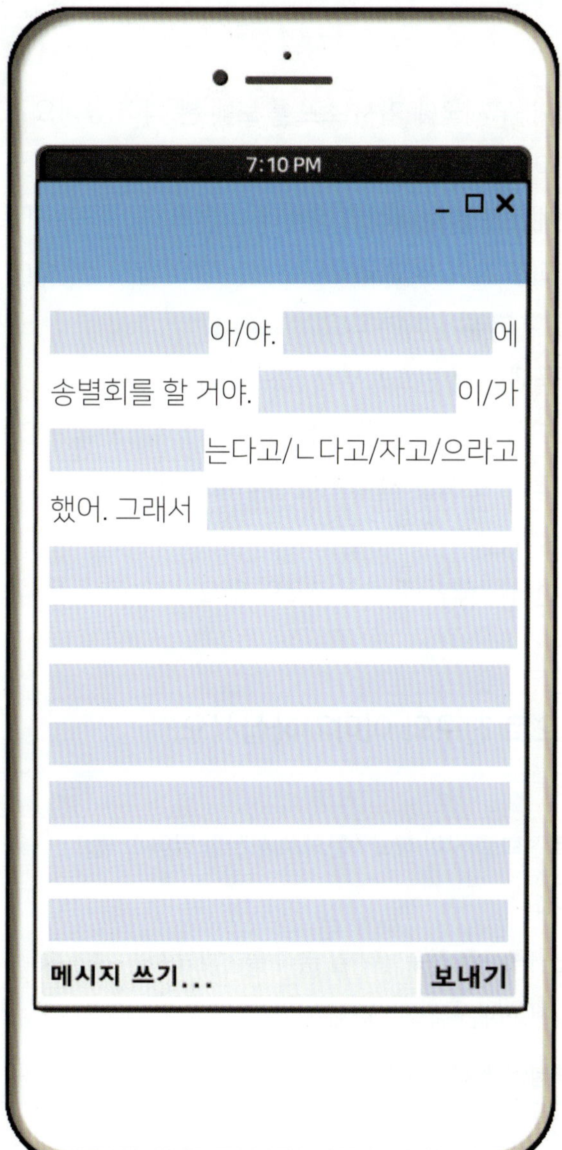

1 보기 와 같이 이야기하십시오.

하려는 일	방법
우체국에서 소포 보내기	1. 우체국에 가서 번호표를 뽑는다. 2. 저울에 물건을 올려놓는다. 3. 항공편이나 배편 중에서 고른다. 4. 돈을 낸다.
은행에서	

보기

가: 에릭 씨, 우체국에 가서 소포를 보내 본 적이 있어요?
나: 네, 있어요.
가: 고향에 소포를 보내려고 하는데 어떻게 해야 하는지 잘 몰라요.
나: 저도 며칠 전에 우체국에 다녀왔는데 어렵지 않았어요.
가: 그래요? 어떻게 하면 돼요?
나: 우체국에 가서 번호표부터 뽑으세요.
가: 번호가 나오면 직원에게 가면 되죠?
나: 네, 그리고 소포를 저울 위에 올려놓으세요.
가: 그다음에는요?
나: 항공편이나 배편 중에서 고르면 돼요. 그리고 돈을 내면 돼요.

2 다음 질문으로 친구와 이야기하십시오.

질문	친구	나
휴대 전화로 전화를 많이 해요? 문자 메시지를 많이 보내요?		
왜 그렇게 해요?		
친구들에게 연락하면 친구들이 뭘 많이 물어봐요?		
부모님에게 전화하면 뭐라고 하세요?		
친구나 부모님에게 뭐라고 해요?		

번호표　뽑다

3 친구나 가족과 휴대 전화로 하는 이야기에 대해 쓰십시오.

연습하기

문화

문자 메시지 언어

요즘은 전화 통화보다 문자 메시지를 이용하는 사람이 많습니다. 그리고 문자 메시지의 내용을 재미있고 간단하게 표현하려고 줄임말을 사용하기도 합니다. 'ㅇㅇ', 'ㄴㄴ'처럼 초성만 사용하는 것도 있고 '아아', '따아'처럼 단어의 앞 글자만 사용하는 줄임말도 있습니다. 또한 감정과 기분을 나타낼 때도 'ㅋㅋ'나 'ㅠㅠ'와 같이 표현하기도 합니다. 이렇게 표현하면 그냥 "재미있다."라고 하거나 "마음이 아프다."라고 이야기하는 것보다 더 생생한 느낌을 줍니다.

ㅇㅇ	응 응
ㄴㄴ	노 노(아니 아니)
아아	아이스 아메리카노
따아	따뜻한 아메리카노
ㅋㅋ	크크(웃음 소리)
ㅠㅠ	눈물 흘리는 모습

1. 한국에서는 문자 메시지를 보낼 때 어떤 줄임말을 사용합니까?
2. 여러분 나라에서도 문자 메시지를 보낼 때 줄임말을 자주 사용합니까?

15과 예약과 주문

1. 주말이라서 예약 손님이 많아요

• 학습 목표: 장소를 예약할 수 있다.

Ⅰ. 준비해 봅시다

- 이 사람들이 무슨 이야기를 하고 있는 것 같습니까?
- 여러분은 식당이나 호텔에 가기 전에 미리 예약을 합니까?

이야기해 봅시다

1 친구가 다음의 장소를 예약하려고 합니다. 보기 와 같이 이야기하십시오.

	①	②	③	④
예약할 곳	한식당	호텔	리조트	
언제	이번 달 말	다음 달 초	크리스마스 연휴	
친구의 부탁	맛있는 한식을 사 줘.	서울 시내 호텔을 예약해 줘.	스키를 탈 수 있는 리조트를 예약해 줘.	

	①	②	③	④
어디	 한식당 만찬	 서울 호텔	 설경 리조트	?
위치	인사동	경복궁 근처	강원도	
좋은 점	분위기가 좋다. 음식이 맛있다.	지하철역에서 가깝다. 깨끗하다.	서울에서 멀지 않다. 새로 생겼다.	

보기

가: 하늘 씨, **한식당을** 예약하려고 하는데 어디가 좋을까요?

나: 왜요?

가: **이번 달 말에** 고향 친구가 한국에 놀러 오는데 **맛있는 한식을 사 달라고** 했어요.

나: 그럼 **인사동에 있는 만찬이** 좋을 것 같아요.
분위기도 좋고 음식도 맛있는 곳이라서 인기가 많아요.

가: 거기가 좋겠군요. 어떻게 예약하면 돼요?

나: **전화로** 예약하세요.

말 초 리조트 연휴

15-1

2 다음의 장소를 전화로 예약하려고 합니다. 보기 와 같이 이야기하십시오.

	①	②	③	④
	저녁 식사 	호텔 	리조트 	
예약 장소	 한식당 만찬	 서울 호텔	 설경 리조트	?
예약 날짜	이번 달 마지막 주 토요일 저녁	다음 달 첫째 주 금요일~일요일	12월 24일~25일	
사람 수	2명	4명	3명	명
연락처	010-1122-3456	010-1212-5678		

보기

가: 여보세요? **한식당 만찬입니다**.

나: **저녁 식사를** 예약하고 싶은데요.

가: 예약하고 싶은 날짜를 말씀해 주세요.

나: **이번 달 마지막 주 토요일 저녁이요**.

가: 몇 분이십니까?

나: **두** 명이요. **자리가** 있습니까?

가: 잠시 기다려 주세요. **주말이라서** 예약 손님이 많지만 **자리가** 있습니다.

나: 그럼 예약할게요.

가: 네, 예약하신 분 성함과 연락처 좀 알려 주세요.

나: 제 이름은 **사토 유키이고** 전화번호는 **010-1122-3456**입니다.

날짜 잠시 성함

III. 써 봅시다

여러분은 어떤 곳을 예약한 적이 있습니까? 친구와 이야기하고 어떻게 예약했는지 쓰십시오.

질문	친구	나
무엇을 예약했어요?	☐ 호텔/리조트/게스트 하우스 ☐ 식당 ☐ 미용실 ☐ 병원 ☐ _____	☐ 호텔/리조트/게스트 하우스 ☐ 식당 ☐ 미용실 ☐ 병원 ☐ _____
무슨 일 때문에 예약했어요?		
왜 그곳을 예약했어요?		
예약은 어떻게 했어요?	☐ 인터넷 예약 ☐ 전화 예약 ☐ 방문 예약 ☐ 다른 사람에게 부탁	☐ 인터넷 예약 ☐ 전화 예약 ☐ 방문 예약 ☐ 다른 사람에게 부탁
예약을 하기가 쉬웠어요?		

내가 예약한 _____

나는 _____ 을/를 예약한 적이 있다.
_____
_____ 어서/아서/여서/이라서/라서 예약했다.
내가 예약한 _____ 은/는 _____
_____
_____ 기 때문에 그곳을 예약했다.
_____
_____
_____
_____

15과 예약과 주문

2. 도시락 1인분만 배달해 주세요

• 학습 목표: 배달 주문을 할 수 있다.

Ⅰ. 준비해 봅시다

- 이 사람이 휴대 전화로 무엇을 검색하고 있습니까?
- 여러분은 한국에서 전화로 음식을 주문해 본 적이 있습니까?

이야기해 봅시다

1 친구와 배달시킬 음식을 고릅니다. 다음 표현을 사용하여 보기 와 같이 이야기하십시오.

메뉴를 고를 때

- 이 집은 뭐가 제일 맛있어요?
- 여기는 뭘 제일 잘 해요?
- 뭐가 제일 빨리 돼요?

배달 주문을 할 때

- 주문하려고 하는데요.
- 지금 배달되나요?
- **1인분도** 배달돼요?

<세연 치킨>

프라이드치킨	16,000원
양념치킨	20,000원
양념 반 마늘 반	18,000원
감자튀김	3,000원

<광둥반점>

짜장면	6,000원
볶음밥	7,000원
탕수육	12,000원
세트 메뉴 (탕수육+짜장2)	20,000원

<사랑 분식 떡볶이>

매운 떡볶이	10,000원
궁중 떡볶이	15,000원
치즈 떡볶이	13,000원
김밥	4,000원
주먹밥	3,000원

<야식 왕>

갈비찜	25,000원
족발	20,000원
보쌈	25,000원
생선찌개	20,000원
공기밥	2,000원

보기

가: 저녁은 배달시켜 먹을래?

나: 좋아. 근처 맛집을 검색해 보자.

가: 내가 지난번에 시켜 먹었던 이 **치킨집이** 맛있었어.

나: 그래? **여기는 뭘 제일 잘 해**?

가: 양념치킨만 먹어 봤는데 아주 맛있었어.

나: 그럼 그걸로 하자.

(전화를 건다.) **주문하려고 하는데요**.

배달되다 치킨집 분식집 야식집 배달시키다 지난번 양념치킨

2 전화로 음식을 배달시키려고 합니다. 메뉴를 보고 보기 와 같이 배달 주문을 하십시오.

❶ 도시락집

엄마 손 도시락

많다 도시락	7,500원
바다 도시락	6,000원✓
풀꽃 도시락	6,000원
건강 샐러드	4,000원✓
배 부른 샐러드	4,000원

· 서울 하숙집
· 카드

❷ 돈가스집

도쿄 돈가스

등심 돈가스	12,000원
안심 돈가스	13,000원✓
생선가스	12,000원
메밀국수	6,000원
우동	6,000원✓

· 연세대 기숙사 3207호
· 현금

❸ 샌드위치집

빵빵 샌드위치

불고기 샌드위치	8,000원✓
김치 치즈 샌드위치	7,000원✓✓
달걀 샌드위치	6,000원
수박 주스	5,000원✓✓
오렌지 주스	4,000원✓

·
·

❹ 스파게티집

나폴리 스파게티

토마토 스파게티	8,000원
크림 스파게티	8,000원
로제 스파게티	8,000원
마늘빵	1,500원
크림 스프	2,500원

·
·

보기

가: ……(따르릉, 따르릉.)……
네, 엄마 손 도시락입니다.
나: 여보세요? 거기 도시락집이죠? 주문하려고 하는데요.
가: 네, 말씀하세요.
나: 바다 도시락 1인분만 배달해 주세요. 그리고 건강 샐러드도 하나요.
가: 배달 받으실 주소 좀 말씀해 주세요.
나: 서울 하숙집으로 배달해 주세요.
가: 네, 결제는 어떻게 하시겠어요?
나: 카드로 할게요. 얼마나 걸려요?
가: 20분쯤 걸립니다.
나: 네, 맛있게 해 주세요.

저녁밥 배달하다 결제 카드

III. 써 봅시다

음식 배달 앱을 찾아서 그 앱에 대해 쓰고 발표하십시오.

배달되는 음식의 종류	
결제 방법	
이 앱의 좋은 점	· · ·

한국의 음식 배달 앱

음식 배달 앱에 대해서 발표하겠습니다. 여러 가지 음식 배달 앱이 있었는데 그중에서 제가 발표할 음식 배달 앱은 ______________ 입니다.

이 앱에서 배달 시킬 수 있는 음식 종류에는 ______________ 등이 있습니다.
결제 방법은 ______________

이 앱은 좋은 점이 많습니다. 먼저 ______________
그리고 ______________

이것으로 발표를 마치겠습니다. 끝까지 들어 주셔서 고맙습니다.

마치다

16과 건강

1. 콧물이 나는 데다가 열도 나요

• 학습 목표: 몸이 아플 때 증상을 설명할 수 있다.

Ⅰ. 준비해 봅시다

- 이 사람이 어디가 아픈 것 같습니까?
- 여러분은 한국에서 병원에 가 본 적이 있습니까?

이야기해 봅시다

1 어디가 아픕니까? 다음 표현을 사용하여 보기 와 같이 이야기하십시오.

몸이 아플 때

- 콧물이 나요.
- 코가 막혔어요.
- 열이 나요.
- 두통이 심해요.

- 기침을 해요.
- 목이 부었어요.
- 목이 쉬었어요.
- 몸이 떨려요.

- 배가 아파요.
- 소화가 안돼요.
- 변비가 있어요.

❶ 흐엉

❷ 유키

❸ 주앙

❹ 하늘

보기

가: 흐엉 씨, 어디 아파요?
나: 네, 코감기에 걸렸어요.
가: 많이 아파요?
나: 네, 콧물이 나는 데다가 열도 나요.
가: 병원에 가 보세요.
나: 네, 그래야겠어요.

콧물이 나다　열　두통　심하다　기침　붓다　목이 쉬다　몸이 떨리다　소화
변비　코감기　목감기　기침감기　배탈

2 병원에 갔습니다. 의사에게 어디가 아픈지 보기 와 같이 이야기하십시오.

①	②	③	④
감기에 걸렸어요. · 목이 아파요. · 콧물도 나요.	**배탈이 났어요.** · 배가 아파요. · 머리도 아파요.	**눈이 아파요.** · 눈이 부었어요. · 눈물도 나요.	 · ·

· 며칠 약을 먹어야 한다. · 푹 쉬어야 한다.	· 몸을 따뜻하게 해야 한다. · 매운 음식을 먹지 말아야 한다.	· 약을 눈에 넣어야 한다. · 손으로 만지면 안 된다.	· ·

보기

가: 어디가 불편해서 오셨어요?

나: 감기에 걸려서 왔어요.

가: 어디가 어떻게 아프세요?

나: 목이 아픈 데다가 콧물도 나요.

가: 언제부터 그랬어요?

나: 어젯밤부터 그랬어요.

가: 어디 좀 봅시다. 심하지 않으니까 며칠 약을 드시고 푹 쉬세요.

나: 네, 알겠습니다. 병원에 또 와야 해요?

가: 낫지 않으면 사흘 후에 다시 오세요.

나: 그렇게 할게요. 감사합니다.

눈물　푹　만지다　어젯밤

III. 써 봅시다

친구가 이메일을 보냈습니다. 친구에게 답장을 쓰십시오.

유키 씨,

왜 학교에 오지 않았어요? 제가 몇 번 전화를 했는데 받지 않아서 걱정이 돼요. 혹시 어디 아픈가요? 선생님과 친구들 모두 걱정을 많이 하고 있어요.

우리 이번 주말에 반 모임이 있는데 기억해요? 반 모임에 올 수 있는지 알려 주세요. 제 이메일을 보면 꼭 답장을 해 주세요.

주앙 씀

보낸 사람	유키 <yuki @yonsei.com>
받는 사람	주앙 <joao@yonsei.com>
제　　목	

주앙 씨,

연락해 줘서 고마워요. 몸이 안 좋아서 학교에 못 갔어요. ____________________

그래서 병원에 갔다가 왔는데 의사 선생님이 ____________________ 으라고/라고 했어요.

아마 다음 주에는 다 나아서 학교에 갈 수 있을 것 같아요. 반 모임에 ____________________

유키 씀

16과 건강

2. 비타민이라도 좀 먹어 봐

• 학습 목표: 증상에 맞는 약과 그 약의 복용 방법에 대해 설명할 수 있다.

Ⅰ. 준비해 봅시다

- 이 사람에게 무슨 약이 필요할 것 같습니까?
- 여러분은 약국에 가서 약을 산 적이 있습니까?

이야기해 봅시다

1 건강이 안 좋은 친구에게 어떻게 이야기하겠습니까? 보기 와 같이 이야기하십시오.

1	2	3	4

· 피곤하고 머리가 아프다. · 바쁜데 많이 쉬지 못했다.	· 며칠 동안 화장실에 못 갔다. · 바빠서 식사를 잘 못했다.	· 목과 어깨가 아프다. · 식당에 손님이 많기 때문에 쉴 수 없다.	·소화가 잘 안 된다. ·

그럼 이렇게 해 봐.

비타민을 먹는다.	아침마다 요구르트를 먹는다.	스트레칭을 한다.	·

보기

가: 너 어디 아파?

나: 피곤하고 머리가 아파.

가: 왜 그래?

나: 바쁜데 많이 쉬지 못해서 그런 것 같아. 병원에 가야 하는데 갈 시간이 없어.

가: 그럼 비타민이라도 좀 먹어 봐. 괜찮아질 거야.

나: 응. 알았어. 고마워.

비타민 요구르트 스트레칭

2 약국에 가서 약을 사려고 합니다. 보기 와 같이 이야기하십시오.

어디가 어떻게 아파요?

이렇게 하세요.

언제부터 아팠어요?

꼭 이렇게 해야 해요.

		환자	약사	
1		어젯밤부터 아팠는데 아침이 되니까 더 심해졌다.	☑ 종합 감기약 하루 세 번 2알 식사하고 30분 후에 먹는다.	· 속이 아플 수 있다. ⇨ 식사를 하고 먹어야 한다.
2		오늘 아침을 먹은 후부터 계속 아프다.	☑ 소화제 하루 세 번 1알 식사하기 전에 먹는다.	· 소화를 도와주는 약이다. ⇨ 식사 전에 먹어야 한다.
3		어제 아침에 무거운 물건을 들다가 다쳤다.	☑ 파스 하루 한 번 샤워 후 붙인다.	· 파스가 떨어질 수 있다. ⇨ 피부를 깨끗하게 하고 붙여야 한다.
4		점심을 먹고 친구들과 농구를 하다가 넘어졌다.	☑소독약 ☑반창고 하루 한 번 상처에 소독약을 바른 후 반창고를 붙인다.	· 상처가 심해질 수 있다. ⇨ 상처를 깨끗하게 소독해야 한다.

보기

가: 어서 오세요. 어떻게 오셨어요?
나: 목이 아프고 기침이 나요.
가: 언제부터 그러셨어요?
나: 어젯밤부터 조금씩 아팠는데 아침이 되니까 더 심해졌어요.
가: 그럼 이 종합 감기약을 드세요. 하루에 세 번 두 알, 식사를 하고 30분 후에 드세요.
나: 꼭 식사를 하고 먹어야 하나요?
가: 네, 속이 아플 수 있기 때문에 식사를 하고 먹지 않으면 안 됩니다.
나: 네, 알겠습니다. 모두 얼마예요?
가: 3,000원입니다.
나: 여기 있습니다. 안녕히 계세요.

약사 종합 감기약 알 소화제 파스 붙이다 떨어지다 피부 넘어지다 소독약 반창고 소독하다

III. 써 봅시다

여행 갈 때 가지고 갈 약을 준비합니다. 약을 고르고 그 약에 대한 설명을 쓰십시오.

먹는 약	바르는 약	붙이는 약
두통약 기침약 소화제 변비약 종합 감기약	소독약 모기약	멀미약 파스

① 이 약은 두통약인데 머리가 아플 때 먹는다. 한 번 먹을 때 두 알 먹으면 된다. 그리고 속이 아플 수 있으니까 식사한 후에 먹지 않으면 안 된다.

②

③

④

모기약 멀미약

복습 15-16과

1 보기 와 같이 이야기하십시오.

어디가 아팠어요?	어떻게 아팠어요?	의사/약사가 뭐라고 했어요?	그래서 어떻게 했어요?
감기에 걸렸다.	기침이 심하다. 목이 아프다. 열이 난다.	3일 동안 약을 먹고 푹 쉬세요.	비타민도 먹고 운동도 한다.

보기

가: 한국에서 병원이나 약국에 간 적이 있어요?

나: 네, 지난달에 감기에 걸려서 병원에 갔어요.

가: 어디가 어떻게 아팠어요?

나: 기침이 심한 데다가 목도 많이 아팠어요. 열도 났어요.

가: 힘들었겠어요. 의사 선생님이 뭐라고 했어요?

나: 3일 동안 약을 먹고 푹 쉬라고 했어요.

가: 지금은 다 나았지요?

나: 네, 지금은 건강해요. 그 후로 비타민도 먹고 운동도 하고 있어요.

2 다음 질문으로 친구와 이야기하십시오.

질문	친구	나
전화나 인터넷으로 장소를 예약한 적이 있어요?		
예약하기가 어땠어요?		
전화나 인터넷으로 음식을 주문해 본 적이 있어요?		
배달 주문하기가 어땠어요?		
친구에게 이야기해 주고 싶은 예약 앱이나 배달 앱이 있어요?		

3 전화나 인터넷으로 음식을 주문하거나 장소를 예약한 일에 대해 쓰십시오.

연습하기

문화

한국의 배달 음식

저녁에 배가 고픈데 집에 먹을 것이 없으면 어떻게 합니까? 갑자기 친구들이 집에 왔을 때 무엇을 먹으면 좋을까요? 한국에서는 쉽게 집으로 음식을 배달 시켜 먹을 수 있습니다. 전화 한 번, 클릭 몇 번이면 밖에 나가지 않고 치킨, 피자, 자장면, 냉면, 감자탕 등 여러 가지 음식을 집에서 쉽게 배달시켜 먹을 수 있습니다. 식당에 가서 먹는 것과 가격 차이가 많이 나지 않고 맛있는 음식을 빨리 먹을 수 있어서 한국 사람들은 전화, 인터넷, 모바일 앱으로 음식을 주문해서 먹습니다. 또 요즘에는 유명한 음식점의 음식을 배달 서비스를 이용해서 먹을 수도 있어서 편리하고 좋습니다.

1. 한국에서는 집으로 음식을 배달 시켜 먹으려면 어떻게 합니까?
2. 여러분의 고향에서는 어떤 음식을 배달 시켜 먹을 수 있습니까?

17과 취미

1. 농구만큼 재미있는 게 없어요

• 학습 목표: 취미를 소개하고 장점에 대해 이야기할 수 있다.

Ⅰ. 준비해 봅시다

- 여러분의 취미는 무엇입니까?
- 그 취미의 좋은 점이 무엇입니까?

이야기해 봅시다

1 취미와 취미의 좋은 점에 대해 보기 와 같이 이야기하십시오.

취미			
영화 감상	등산	여행	사진 찍기
음악 감상	운동	요리	노래 부르기
독서	산책	컴퓨터 게임	그림 그리기

좋은 점

- 건강해진다.
- 기분이 좋아진다.
- 아는 것이 많아진다.
- 친구들을 사귈 수 있다.
- 외국어 공부에 도움이 된다.
- 그 나라 문화를 배울 수 있다.

기분도 좋아지고 건강해져요.

① 에릭

외국어 공부에 도움이 돼요.

② 흐엉

아는 것이 많아지고 글도 잘 쓰게 돼요.

③ 하늘

④

보기

가: 에릭 씨는 좋아하는 게 뭐예요?

나: 제 취미는 농구예요.

가: 농구가 재미있어요?

나: 네, 저는 농구만큼 재미있는 게 없어요. 농구를 하면 기분도 좋아지고 몸도 건강해져요.

가: 농구를 자주 하세요?

나: 네, 아무리 바빠도 일주일에 두 번쯤 농구를 해요.

음악 감상　외국어　도움이 되다　문화　글　아무리

2 어떤 취미가 좋을까요? 그림을 보고 보기 와 같이 이야기하십시오.

① 노라

저는 집에 있는 것보다
밖에 나가는 걸 좋아해요.
주말에 보통 밖에서 친구들과 노는데
너무 자주 하니까 재미없어요.

② 존

저는 아직 한국말을 잘 못해서
한국에서 생활하기가 힘들어요.
빨리 한국말을 잘 했으면 좋겠어요.

③ 유키

고향에 있을 때는 건강했는데
요즘은 날마다 음식을 사 먹고
운동도 하지 않아서
건강이 나빠졌어요.

④ 타오

저는 친구가 별로 없어요.
친구들과 이야기를 많이 하고 싶은데
조용한 성격이라서
친구를 빨리 사귀지 못해요.

노라 씨,
여행을 해 보세요.

존 씨, 한국 드라마와
영화를 보세요.

유키 씨,
운동을 좀 해 보세요.

타오 씨,
______

보기

노라 씨, 여행을 한번 해 보세요. 저도 밖에 나가는 걸 좋아해서 여행을 시작했는데 이제는 여행만큼 즐거운 일이 없는 것 같아요. 여행을 하면 아름다운 경치를 보면서 좋은 생각을 할 수 있고 기분도 좋아져요. 그래서 저는 아무리 바빠도 세 달에 한 번쯤 여행을 가요. 여행을 하세요.

Ⅲ. 써 봅시다

취미가 같은 사람들과 동아리를 만들려고 합니다. 동아리를 소개하는 글을 쓰고 발표하십시오.

내가 관심 있는 것	
만들고 싶은 동아리	
만들고 싶은 이유	
모이는 시간	
모임에서 하고 싶은 것	

같이 만나서 ____ 분들을 찾습니다

안녕하세요? 저는 ____에 관심이 많아서 ____

저와 취미가 같은 사람들과 ____

____고 싶어서 학교 홈페이지에 이 글을 씁니다.

____

____만큼 ____은/ㄴ/는 것은 없는 것 같습니다.

____

____분들은 연락해 주세요.

____

관심

17과 취미

2. 자전거를 탈 줄 아세요?

• 학습 목표: 취미 활동에 대해 구체적으로 설명할 수 있다.

Ⅰ. 준비해 봅시다

- 이 사람들이 무슨 이야기를 합니까?
- 여러분은 시간이 있을 때 무엇을 합니까?

이야기해 봅시다

1 취미 활동에 대해 이야기합니다. 보기 와 같이 이야기하십시오.

① **유키**/자전거 타기

② **주앙**/드럼 치기

③ **노라**/낚시하기

④ ______ / ______

보기

가: 유키 씨는 시간이 있을 때 뭘 해요 ?
나: 저는 시간이 있을 때마다 자전거를 타요.
가: 자전거 타는 것을 좋아하세요?
나: 네, 어렸을 때부터 하던 취미예요. 하늘 씨도 자전거를 탈 줄 아세요?
가: 아니요, 저는 자전거를 탈 줄 몰라요.
나: 그럼 다음에 제가 가르쳐 드릴게요.

드럼 낚시하다

2 취미가 비슷한 친구들과 모이십시오. 취미 활동에 대해 보기 와 같이 이야기하십시오.

① 운동

수영

존 / 볼링
· 볼링 동호회에서 일주일에 한 번씩 볼링장에 간다.

② 요리

한식 만들기

타오 / 빵 굽기
· 문화 센터에 가서 빵과 케이크 굽는 것을 배운다.

③ 음악

피아노 치기

주앙 / 드럼 치기
· 음악 동아리에서 금요일마다 드럼을 친다.

④

/

보기

가: 존 씨, 운동을 좋아하세요?
나: 네, 운동만큼 좋은 취미는 없는 것 같아요.
가: 저는 수영하는 것을 좋아하는데 존 씨는요?
나: 저는 수영을 할 줄 몰라요.
가: 그럼 뭘 좋아하세요?
나: 저는 볼링 치는 것을 좋아해요. 볼링을 칠 줄 아세요?
가: 네, 저도 고향에서 자주 하던 거예요.
나: 저는 요즘 볼링 동호회에서 일주일에 한 번씩 볼링장에 가요.
가: 저도 관심이 있는데 다음에 같이 가도 돼요?
나: 그럼요. 같이 가요. 취미 활동도 하고 친구들도 사귈 수 있어서 좋아요.

볼링　볼링장

III. 써 봅시다

여러분의 취미 활동에 대한 글을 쓰고 발표하십시오.

취미	
그 취미를 가지게 된 이유	
그 취미의 좋은 점	
취미 활동을 더 재미있게 하는 방법	

나의 취미

여러분은 ______ 는 것을 좋아하십니까? 저는 아주 좋아합니다.

이 취미가 좋아진 이유는 ______ 기 때문입니다. 특히 ______

제 취미는 좋은 점이 많습니다. ______ 어서/아서/여서 좋습니다. 그리고 ______

이 취미 활동을 더 재미있게 하는 방법도 있습니다. ______ 으면/면 더 재미있습니다.

이것으로 제 취미 이야기를 마치겠습니다. 제 발표를 끝까지 들어 주셔서 고맙습니다.

특히

18과 계획

1. 방학 때 아르바이트를 하는 사람이 많던데요

• 학습 목표: 휴일 계획을 이야기할 수 있다

Ⅰ. 준비해 봅시다

- 이 사람이 어디에 가고 싶어 하는 것 같습니까?
- 여러분은 이번 방학이나 휴가 때 무엇을 하고 싶습니까?

이야기해 봅시다

1 주말에 무엇을 하겠습니까? 보기 와 같이 이야기하십시오.

① 가을 콘서트

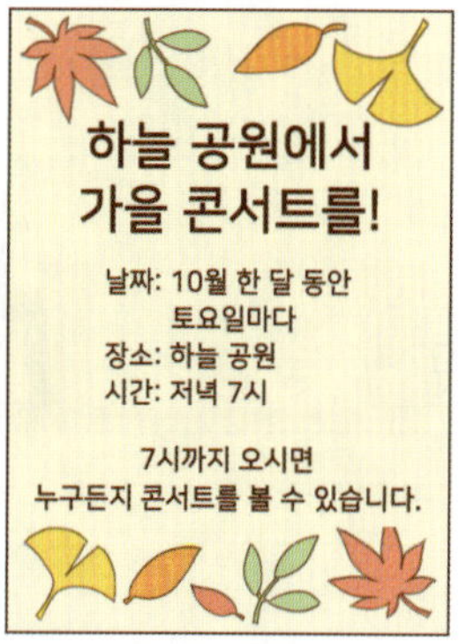

② 외국인을 위한 요리 교실

③ 서울 벼룩시장

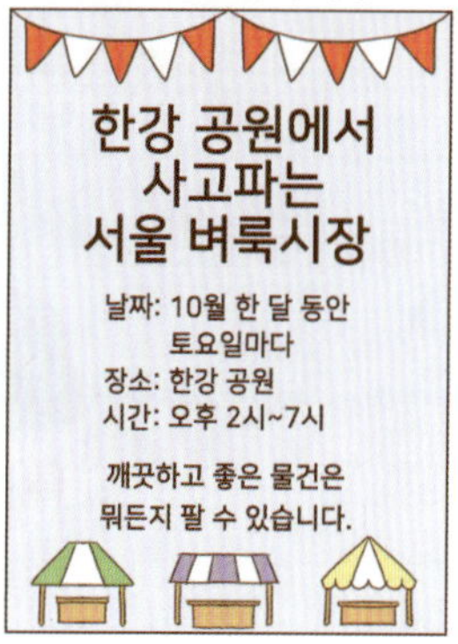

④ 야구 동호회

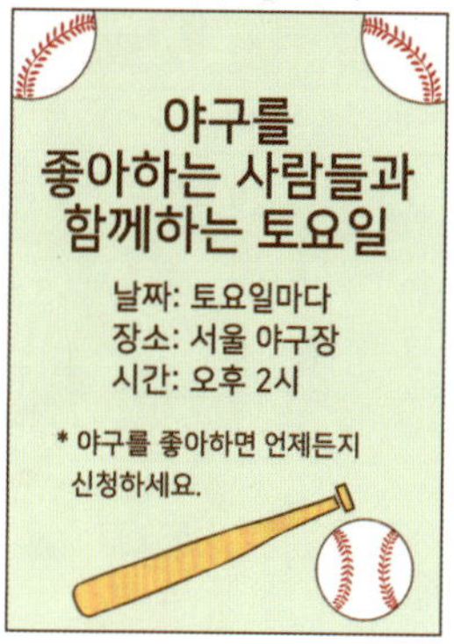

보기

가: 이번 주말에 뭐 할 거야?

나: 특별한 계획이 없어. 뭐 재미있는 게 없을까?

가: 지난 주말에 간 가을 콘서트가 좋던데.

나: 그래? 나도 콘서트에 가 보고 싶은데.

가: 토요일마다 하늘 공원에서 하는데 7시까지 가면 누구든지 볼 수 있어.

나: 재미있겠다. 이번 주말에 나도 가 봐야겠다.

학원 벼룩시장

2 방학이나 휴가 때 무엇을 하겠습니까? 보기 와 같이 이야기하십시오.

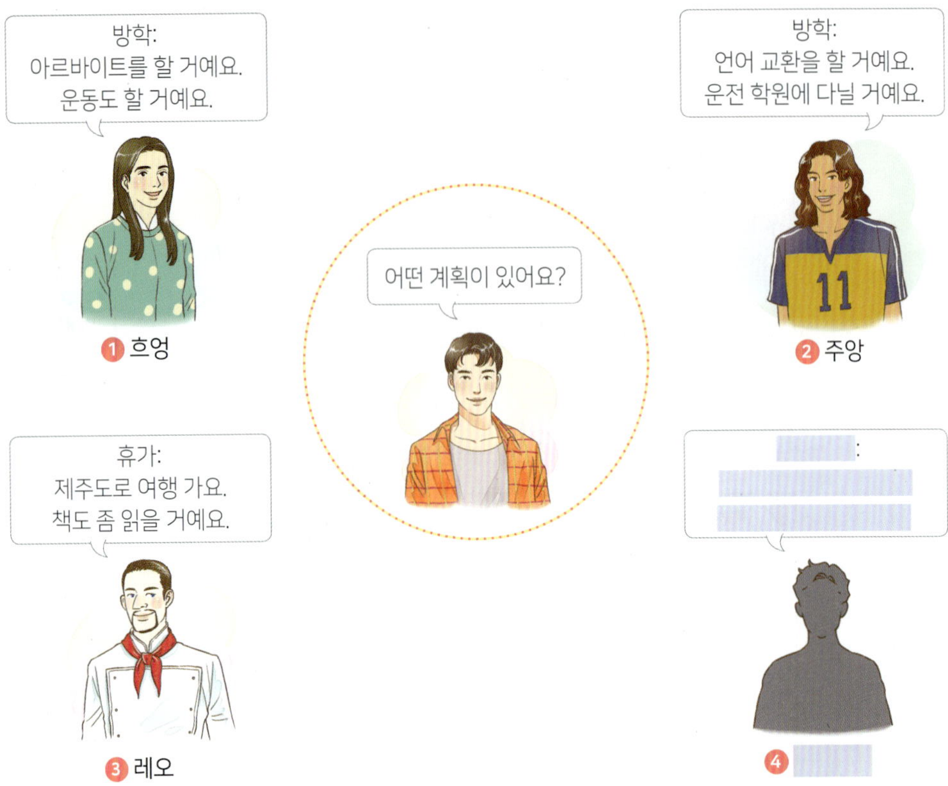

보기

가: 흐엉 씨, 방학이 언제예요?

나: 다음 주부터 방학이에요.

가: 이번 방학에 고향에 갈 거예요?

나: 아니요, 이번에는 안 갈 거예요.

가: 왜요? 무슨 다른 계획이 있어요?

나: 네, 이번에는 아르바이트도 하고 운동도 하려고 해요.

가: 바쁘겠네요. 요즘 방학 때 아르바이트를 하는 사람들이 많던데요.

나: 맞아요. 아르바이트를 하면 경험도 쌓을 수 있고 돈도 벌 수 있어서 좋아요.

가: 방학이 기대가 되겠네요. 그럼 방학 즐겁게 보내세요.

나: 네, 하늘 씨도 잘 지내세요.

경험　쌓다　벌다

III. 써 봅시다

방학이나 휴가 때 무엇을 할 계획입니까? 친구와 이야기하고 계획을 쓰십시오.

질문	친구	나
방학/휴가가 언제예요?		
무엇을 할 거예요?		
그 일을 하고 싶은 이유가 뭐예요?		
더 하고 싶은 일이 있어요?		
왜 그 일을 하고 싶어요?		

나의 ______ 계획

나의 ______ 은/는 ______________ 이다. 나는 이번 ______ 때 ______________ 그 이유는 ______________ 기 때문이다. ______________________________ ______________________________ ______________________________ ______________________________ ______________________________ ______________ 어서/아서/여서 이번 휴가가 많이 기대가 된다.

18과

계획

2. 날마다 운동을 하려고 했는데 하루밖에 못 했어

• 학습 목표: 하고 싶은 일에 대한 계획을 이야기할 수 있다.

Ⅰ. 준비해 봅시다

- 한국어를 배운 후에 무엇을 할 계획입니까?
- 여러분은 10년 후에 어디에서 무엇을 하고 있을 것 같습니까?

이야기해 봅시다

1 계획한 것을 잘 지키고 있습니까? 보기 와 같이 이야기하십시오.

	처음 계획		현재의 상황
①	존  운동	날마다 운동을 해야겠다.	이번 주에는 힘들어서 하루밖에 못했다.
②	에릭  한국어 단어 공부	날마다 한국어 단어를 외워야겠다.	한국어 문법 공부밖에 못하고 있다.
③	흐엉  예습, 복습	날마다 예습, 복습을 해야겠다.	시간이 없어서 복습밖에 못한다.
④	유키  다이어트	다이어트를 해야겠다.	배고픈 것을 못 참아서 3일밖에 못했다.

보기

가: 존, 요즘 어떻게 지내?

나: 지난주부터 운동을 하고 있어.

가: 그렇구나. 계속 잘하고 있어?

나: 날마다 하려고 했는데 이번 주에는 힘들어서 하루밖에 못했어.

가: 날마다 운동을 하는 게 쉬운 일은 아니지.

나: 맞아. 나는 계획만 세우면 잘할 수 있을 줄 알았어.

다이어트 참다

2 여러분은 미래에 대해 생각해 본 적이 있습니까? 보기 와 같이 이야기 하십시오.

그 후에는 무엇을 할 거예요?

결혼은 생각해 본 적이 있어요?

앞으로 무슨 일을 할 거예요?

10년 후에는 어디에 살고 있을 것 같아요?

① 노라	② 흐엉	③ 주앙	④

· 대학원 공부 · 대학 교수 · 28살 정도에 결혼 · 한국	· 통역 공부 · 통역사 · ·	· 대학교 공부 · 대학원에서 공부 · ·	

보기

가: 노라 씨는 앞으로 무슨 일을 할 거예요?

나: 저는 한국 대학원에서 공부를 더 하고 싶어요. 그래서 요즘 한국어 공부를 하고 전공 공부도 하고 있어요.

가: 그래요? 그럼 그 후에는 무엇을 할 거예요?

나: 저는 대학교에서 학생들을 가르치는 교수가 되고 싶어요.

가: 좋은 생각이네요. 결혼은 생각해 본 적이 있어요?

나: 글쎄요, 공부를 다 하고 한 28살 정도에 하면 좋겠다고 생각을 하고 있어요.

가: 그럼 10년 후에는 어디에서 살고 있을 것 같아요?

나: 저는 한국에서 살면 좋을 것 같아요.

가: 노라 씨는 잘할 수 있을 거예요.

나: 고마워요. 아직 준비를 조금밖에 못했지만 더 열심히 할 거예요.

한　정도

III. 써 봅시다

여러분이 미래에 하고 싶은 일은 무엇입니까? 여러분의 계획을 쓰고 발표하십시오.

하고 싶은 일	준비할 것	계획
통역사	☐ 외국어 공부 ☐ 대학원 입학 ☐ 학비 모으기	☐ 어학당에서 1년 동안 공부 ☐ 대학원 입학시험 준비 ☐ 아르바이트
	☐ ☐ ☐	☐ ☐ ☐

내가 하고 싶은 일

저는 나중에 ______ 이/가 되고 싶습니다. ______ 이/가 되려면 준비해야 할 것들이 많습니다. 먼저 ______ 그리고 ______

그래서 저는 몇 가지 계획을 세웠습니다.

첫 번째 계획은 ______

아직 많이 준비하지 못했지만 제 꿈을 생각하면서 더 열심히 노력할 것입니다. 제 이야기를 들어 주셔서 고맙습니다.

학비

1 보기 와 같이 이야기하십시오.

친구	취미	횟수	언제	좋은 점
우진	등산	한 달에 한 번	주말	·담배를 끊게 된다. ·일을 많이 해도 피곤하지 않다.

보기

가: **우진 씨**, 지난 주말에 에스앤에스에 올린 사진을 보니까 **등산을 하셨던데요**.

나: 네, 제 취미가 **등산이에요**.

가: 그래요? **등산을 자주 하세요**?

나: 아니요, 자주 하고 싶지만 **바빠서 한 달에 한 번밖에** 못 해요.

가: 그렇군요. **등산을** 시작하고 뭐가 좋아졌어요?

나: **담배를 끊게 됐어요**. **일을 많이 해도 피곤하지 않고요**.

가: 그럼 저도 **등산을** 시작해 봐야겠네요.

나: 네, 해 보세요. **등산만큼 좋은 취미는** 없는 것 같아요.

2 다음 질문으로 친구와 이야기하십시오.

질문	친구	나
보통 주말에 뭘 해요?		
이번 주말에는 어떤 계획이 있어요?		
이번 방학에 뭘 할 거예요?		
한국어 공부가 끝나면 뭘 하고 싶어요?		
10년 후에 뭘 하고 있을 것 같아요?		
미래를 어떻게 준비하고 있어요?		

에스앤에스(SNS)

3 여러분이 앞으로 하고 싶은 일에 대해 쓰십시오.

연습하기

한국인의 새해 계획

문화

연말이 되면 너도나도 새로운 마음으로 새해 계획을 세웁니다. 한국인들은 새해에 어떤 계획을 세울까요? 한국인들의 새해 계획에서는 공부, 독서, 여행, 운동, 다이어트, 금연 등이 자주 등장한다고 합니다. 즉 한국인들은 자기 계발이나 건강에 관심이 많다는 것을 알 수 있습니다. 이렇게 열심히 계획을 세우지만 계획을 세운다고 모두 지킬 수 있는 것은 아닙니다. 계획을 세워도 지키기 힘들어서 3일 만에 포기한다는 '작심삼일'이라는 표현도 있으니까요. 하지만 1월 1일의 새해 계획을 잘 지키지 못해도 너무 실망하지 마세요. 한국에서는 음력 1월 1일인 설날에 다시 한 번 새해 계획을 세울 기회가 있답니다.

1. 한국인의 새해 계획 중에서 무엇이 가장 마음에 듭니까?
2. 여러분이 세운 새해 계획은 무엇이었습니까?

19과

여행

1. 인터넷으로 검색한 뒤에 가장 좋은 곳을 골랐어요

• 학습 목표: 여행한 경험에 대해 이야기할 수 있다.

Ⅰ. 준비해 봅시다

- 여행을 가기 전에 필요한 정보를 어떻게 찾습니까?
- 여러분은 이번 방학에 여행 계획이 있습니까?

이야기해 봅시다

1 친구가 여행을 다녀왔습니다. 보기 와 같이 이야기하십시오.

	❶ 전주	❷ 통영	❸ 제주도	❹ ____
여행지				?
	·음식이 맛있다. ·한옥 마을에 구경할 것이 많다.	·해변이 아름답다. ·해산물이 맛있다.	·풍경이 아름답다. · ____	· ____ · ____
여행 기간	1박 2일	3박 4일	2박 3일	____
숙박 시설	한옥 게스트 하우스	펜션	____	____

보기

가: 지난 **방학에 전주에** 여행을 갔다 왔어. **음식도 맛있고 한옥 마을에 구경할 것도 많던데.**

나: 좋았겠다. 나도 **전주에** 한번 가 보고 싶었는데. 며칠이나 갔다 왔어?

가: **1박 2일** 일정으로 갔다 왔어.

나: 어디에서 숙박했어?

가: 인터넷으로 검색한 뒤에 **깨끗하고 숙박 요금이 싼 한옥 게스트 하우스를** 예약했어.

나: 그랬구나. 나도 **다음 방학에 전주에** 가 봐야겠다.

여행지 기간 숙박 시설 한옥 마을 -박 -일 게스트 하우스 통영 해변 펜션 풍경 일정 숙박하다

2 여행이 어땠습니까? 보기 와 같이 이야기하십시오.

	 ① 홋카이도	 ② 홍콩	 ③ 방콕	 ④
여행지				?
좋은 점	·온천욕을 할 수 있다. ·아름다운 풍경을 볼 수 있다.	·맛있는 음식이 많다. ·야경을 구경할 수 있다.	·구경할 것이 많다. ·	· ·
숙박 시설	온천 호텔	쇼핑센터 근처 호텔	시내 호텔	
고른 이유	·서비스가 좋다. ·음식도 맛있다.	·쇼핑하기 편하다. ·주변에 식당도 많다.	·교통이 편리하다. ·	· ·

보기

가: 지난 방학에 어디에 다녀왔어요?
나: 홋카이도로 여행을 다녀왔어요.
가: 여행이 어땠어요?
나: 온천욕도 하고 아름다운 풍경도 볼 수 있어서 너무 좋았어요.
가: 정말 좋았겠네요. 어디에서 숙박했어요?
나: 온천 호텔에서 잤는데 마음에 들었어요.
가: 숙박 시설은 어떻게 알아봤어요?
나: 인터넷으로 검색한 뒤에 서비스가 좋고 음식도 맛있다고 하는 곳을 골랐어요.
가: 저도 여행을 가려고 하는데 도움이 많이 됐어요. 고마워요.
나: 좋은 곳은 예약하기가 힘드니까 빨리 알아보세요.

홋카이도 온천욕 야경 쇼핑센터 방콕

III. 써 봅시다

지금까지 여행한 곳 중에서 어디가 제일 좋았습니까? 친구와 이야기하고 여행을 다녀온 경험에 대해 쓰십시오.

질문	친구	나
어디를 여행했어요?		
누구하고 갔어요?		
몇 박 며칠로 갔어요?		
무엇을 타고 갔어요?		
어디에서 숙박했어요?		
숙박 시설이 어땠어요?		
왜 거기에 갔어요?		
여행지에서 뭘 했어요?		
여행지가 어땠어요?		
그 여행이 왜 좋았어요?		

나의 여행기

________________으로/로 여행을 갔다.

19과 여행

2. 가족 여행을 가기로 했으면 설악산에 가는 게 어때요?

• 학습 목표: 여행지를 추천할 수 있다.

I. 준비해 봅시다

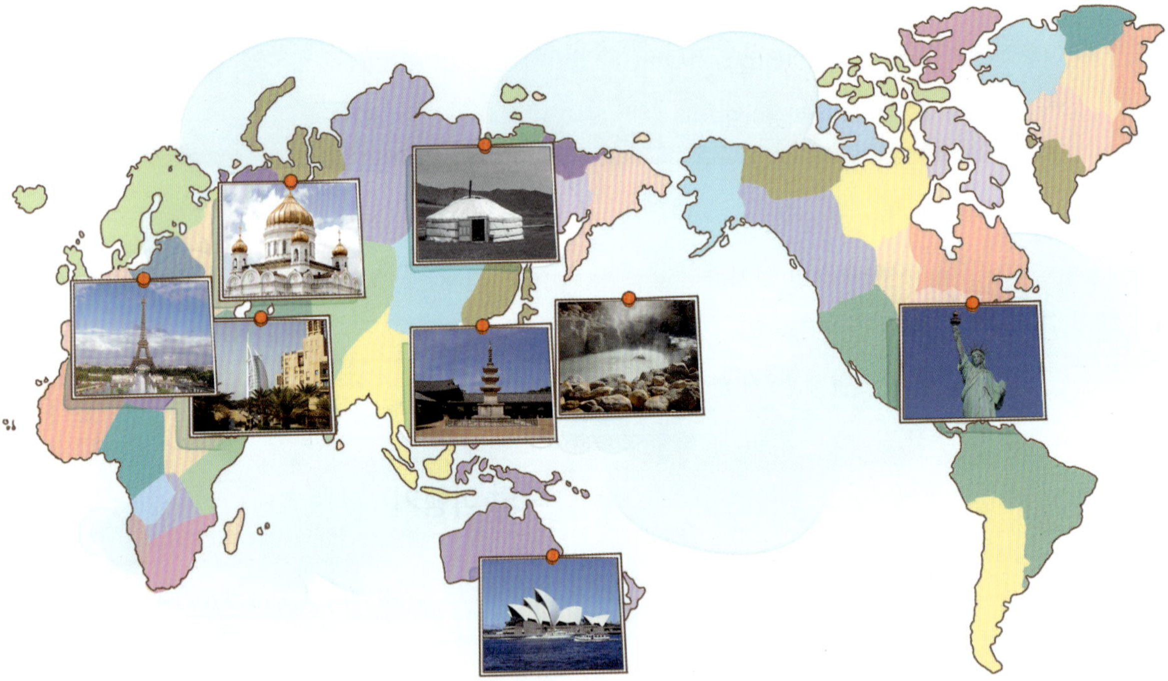

- 이 그림에서 어디로 여행을 갔으면 좋겠습니까?
- 여러분이 여행한 곳 중에서 친구에게 추천하고 싶은 곳은 어디입니까?

이야기해 봅시다

1 친구에게 여행지를 추천해 주려고 합니다. 다음 표현을 사용하여 보기 와 같이 이야기하십시오.

좋은 여행지를 말해 줄 때	대답할 때
· **설악산에** 가는 게 어때요? · **여기가** 제일 좋아요. · **거기에** 가면 좋을 거예요.	· 맞아요, 거기가 좋겠어요. · 그럼 거기에 가면 되겠네요. · 그래요? 거기가 그렇게 좋은지 몰랐어요.

①	②	③	④
· 부모님하고 가족 여행 · 2박 3일	· 가족들하고 해외여행 · 4박 5일	· 식구들하고 여름휴가 ·	· · ·

			?
설악산 · 사계절 모두 경치가 아름답다.	**태국** · 신기한 볼거리가 많다.	**부산** ·	 ·

보기

가: 부모님하고 가족 여행을 가기로 했는데 어디로 가면 좋을까요?
나: 며칠이나 갔다가 올 건데요?
가: 2박 3일 정도 갔다가 오려고 해요.
나: 3일 정도 가족 여행을 가기로 했으면 설악산에 가는 게 어때요?
사계절 모두 경치가 아름다워요.
가: 그래요? 거기가 그렇게 좋은지 몰랐어요.
나: 가 보면 정말 좋을 거예요.

가족 여행　해외여행　신기하다　볼거리　식구　여름휴가

2 친구가 여행을 가려고 합니다. 보기 와 같이 이야기하십시오.

여행지로 어디가 좋을까?

- 언제?
- 누구하고?
- 무슨 여행?
- 얼마 동안?

①	②	③	④
방학하면 ……	방학하면 ……	연휴가 시작되면 ……	
· 부모님과 온천 여행 · 2박 3일	· 친구들하고 배낭여행 · 열흘	· 친구들과 맛집 여행 · 3박 4일	· · ·

↓ "여기가 어때요?"

①	②	③	④
설악 온천 (X)	시드니 (X)	오사카 (X)	(X)
도고 온천 (O) · 온천물이 정말 좋다. · 멀지 않다.	이스탄불 (O) · 유적지와 옛날 유물이 많다. · 경치가 아름답다.	타이베이 (O) · 맛집이 많다. ·	(O) · ·

보기

가: 이번 방학에 뭘 할 거예요? 무슨 계획이 있어요?

나: 네, 방학하자마자 여행을 가려고 해요.

가: 그래요? 어디로 갈 거예요?

나: 글쎄요, 부모님하고 온천 여행을 가기로 했는데 어디가 좋을까요?

나: 며칠이나 갔다가 올 건데요?

나: 2박 3일 정도 여행하려고 해요.

가: 2박 3일이면 설악 온천이 제일 좋아요.

나: 거기는 지난번에 가 봤어요.

가: 그럼 도고 온천에 가는 건 어때요? 온천물이 정말 좋고 멀지 않던데요.

나: 그럼 거기에 가면 되겠네요. 알려 줘서 고마워요.

온천 도고 온천물 배낭여행 이스탄불 유적지 옛날 유물 타이베이

III. 써 봅시다

친구에게 추천하고 싶은 여행지가 있습니까? 그 여행지에 대해 쓰고 발표하십시오.

장소	
소개	
위치	
가는 방법	
볼거리	

여행하기 좋은 곳

여러분은 ______ 에 가 본 적이 있습니까? 오늘 제가 여러분에게 꼭 한번 가 보라고 말하고 싶은 곳은 바로 ______ 입니다. ______ 은/는 ______

______

______ 은/는 ______ 에 있습니다.

______

그곳에 가려면 ______

______

______

그곳에는 볼거리도 많습니다. ______

______

______ 특히 ______

______

______

20과 날씨와 생활

1. 비가 내릴 거라고 하니까 다른 걸 하는 게 좋겠어

• 학습 목표: 날씨에 맞는 활동을 제안할 수 있다.

I. 준비해 봅시다

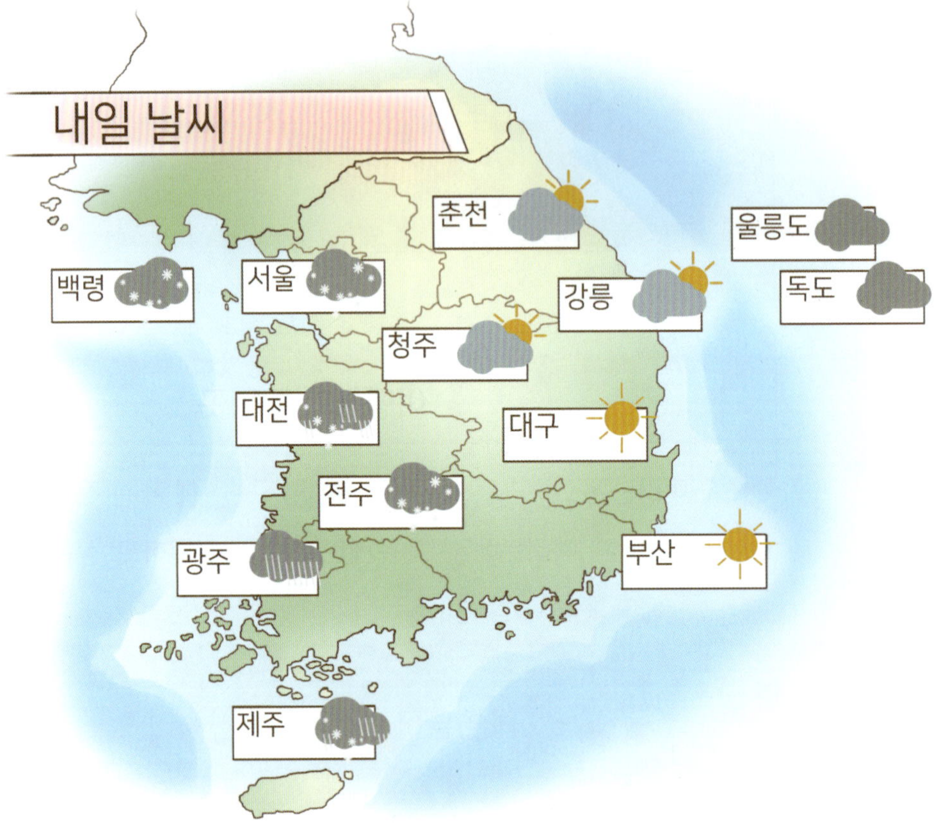

- 이 일기 예보를 보면 내일 날씨가 어떨 것 같습니까?
- 여러분은 날씨 때문에 계획을 바꾼 적이 있습니까?

이야기해 봅시다

1 일기 예보를 보고 주말 계획을 세웁니다. 보기 와 같이 이야기하십시오.

처음 계획			
① 바다 해수욕하기	② 놀이공원 놀이 기구 타기	③ 남산 케이블카 타기	④ 경복궁 한복 입고 사진 찍기
날씨			
토요일	**일요일**	**토요일**	**일요일**
 25℃	 20℃	 18℃	 -5℃
비가 내림	**안개가 낌**	**바람이 강함**	**눈이 옴**
바뀐 계획			
해물 칼국수 먹기	수족관 구경하기	커피 마시기	박물관 구경하기

보기

가: 윤아야, 우리 토요일에 바다에 해수욕하러 가기로 했지?

나: 응, 그런데 왜?

가: 그날 비가 내릴 거라고 하니까 해수욕은 안 하는게 좋겠어.

나: 그럼 뭘 하면 좋을까?

가: 거기에 가서 해수욕하지 말고 해물 칼국수를 먹자.

나: 그게 좋겠다. 그렇게 하자.

내리다　바뀌다　안개　끼다　케이블카　강하다

2 친구의 고향으로 여행을 가려고 합니다. 보기 와 같이 이야기하십시오.

	❶	❷	❸	❹
여행갈 곳	노라의 고향 노르웨이	유키의 고향 일본	존의 고향 케냐	
날씨	· 2월에는 보통 눈이 많이 내리고 춥다. · 6월이나 7월이 좋다.	· 8월에는 덥고 태풍이 올 수 있다. · 11월이나 12월이 좋다.	· 4월에는 비가 오고 습하다. · 7월이나 8월이 좋다.	· ·
유명한 곳	피오르드	온천	기린 공원	

보기

가: 노라, 나 노르웨이로 여행을 가려고 해.
나: 그래? 언제 갈 건데?
가: 2월에 가려고 해.
나: 2월에 가지 말고 6월이나 7월에 가는 게 어때?
가: 왜?
나: 2월에는 보통 눈이 많이 내리고 날씨도 추워.
가: 그럼 7월에 가야겠다.
나: 그때는 날씨가 괜찮을 거야.
가: 노르웨이는 피오르드가 유명하다고 하니까 거기에 꼭 가 보려고 해.
나: 그래, 거기에 가면 좋을 거야. 또 알고 싶은 게 있으면 언제든지 물어봐.

태풍 습하다 기린

III. 써 봅시다

날씨가 어떻습니까? 날씨를 검색해서 일기 예보를 쓰고 발표하십시오.

오늘 날씨	
아침 기온	
낮 기온	
내일 날씨	
아침 기온	
낮 기온	
날씨에 맞는 활동	
날씨에 안 맞는 활동	

오늘과 내일의 날씨

날씨를 말씀 드리겠습니다. 오늘은 ______

______

아침 기온은 ______ 낮 기온은 ______

내일은 ______

______

오늘은 날씨가 ______

______지 마시고 ______

______

지금까지 오늘과 내일의 날씨였습니다.

기온 활동

20과 날씨와 생활

2. 운전하기 힘들 테니까 버스를 타고 나갈까?

• 학습 목표: 날씨에 맞는 활동을 계획할 수 있다.

Ⅰ. 준비해 봅시다

봄

15℃ 맑음

여름

35℃ 구름 많음

가을

10℃ 비

겨울

-2℃ 구름 많고 눈

- 이 그림과 같은 날씨에 무엇을 하면 좋겠습니까?
- 여러분은 언제 날씨를 알아봅니까?

이야기해 봅시다

1 친구와 함께 오늘의 날씨에 대해 이야기합니다. 보기 와 같이 이야기하십시오.

①	②	③	④
			?
-3℃	36℃	28℃	
· 눈 때문에 운전하기 힘들어요. · 운전을 하지 마세요.	· 햇빛 때문에 외출하기 힘들어요. · 실내 활동을 하세요.	· 옷이 잘 마르지 않아요. · 빨래는 다음에 하세요.	

보기

가: 오늘 날씨 어때?

나: 일기 예보를 보니까 오늘은 하루 종일 눈이 온다고 해.

가: 기온은 어때?

나: 영하 3도라고 해.

가: 그러면 눈이 와서 운전하기 힘들 테니까 버스를 타고 나갈까?

나: 그래, 그게 좋겠다.

햇빛 실내 마르다 종일 그러면

2 일기 예보를 보고 계획을 다시 세웁니다. 보기 와 같이 이야기하십시오.

처음 계획	일기 예보	
	오전	오후
① 공원에서 자전거 타기	-10℃	5℃
② 소풍 가기	**미세 먼지** 나쁨	**미세 먼지** 좋음
③ 한강 수영장에서 수영하기	 흐림	 비
④		

바뀐 계획

집에서 영화 보기

극장에서 영화 보기

노래방에서 노래 부르기

박물관/미술관 구경하기

쇼핑몰에서 쇼핑하기

피시방에서 게임하기

환기하고 청소하기

보기

가: 우리 오늘 **자전거 타기로 했지**?

나: 응, 왜? 무슨 일이 있어?

가: 오늘 일기 예보를 봤는데 **춥다고 해**.

나: 진짜? 하루 종일 **추울까?**

가: **오전에는 춥지만 오후에는 조금 따뜻해진다고 해.**

나: 그럼 **오전에는 자전거를 못 타겠구나.**

가: 응, **못 탈** 것 같아.

나: 그러면 **오전에는 우리 집에서 영화라도 볼래**?

가: 그게 좋겠다. **자전거는 오후에 타자.**

나: 그렇게 하자.

미세 먼지　환기

Ⅲ. 써 봅시다

이번 주말 날씨가 어떻습니까? 날씨를 검색해 보고 계획을 쓰십시오.

주말 날씨	
최저 기온/최고 기온	
미세 먼지	
처음에 하려고 했던 일	
일기 예보를 보고 세운 계획	

주말 날씨와 나의 계획

이번 주말에는 ______________ 는다고/ㄴ다고/다고/라고 한다. 최저 기온은 ______________ 이고 최고 기온은 ______________ 미세 먼지는 ______________

처음에는 ______________

최저 최고

1 보기 같이 친구와 이야기하십시오.

계획	기간	교통편	할 일
경주 여행	2박 3일	기차	· 불국사, 석굴암, 첨성대 등 유적지 구경 · 유명한 맛집 가 보기

보기

가: 주앙! 이번 방학 때 특별한 계획 있어?

나: 응, 나는 이번 방학 때 경주로 여행을 다녀올 계획이야.

가: 그래? 며칠 동안 가?

나: 2박 3일 동안 다녀오기로 했어.

가: 경주까지는 어떻게 가?

나: 기차로 가려고 해.

가: 경주에 가서 뭘 할 거야?

나: 불국사, 석굴암, 첨성대 등 유적지도 구경하고 경주에서 유명한 맛집에도 가 보려고 해.

2 다음 질문으로 친구와 이야기하십시오.

질문	친구	나
친구가 서울에 여행을 오는데 몇 박 며칠 일정으로 오면 좋을까요?		
어디에 가면 좋을까요?		
서울에서는 어떤 교통편을 이용하면 좋을까요?		
요즘 날씨는 어떤가요?		
친구가 꼭 가지고 와야 하는 준비물은 뭘까요?		

3 서울 관광 상품을 만들고 그것을 소개하는 글을 쓰십시오.

연습하기

문화 서울로 떠나는 여행

서울에서 어디에 가 봤습니까? 서울에는 여러분의 한국 생활을 더욱 즐겁게 만들어 줄 특별한 곳들이 많이 있습니다. 경복궁과 창덕궁에 가면 한국의 역사, 옛 모습을 알 수 있는데 한복 대여점에서 한복을 빌려 입고 구경을 할 수도 있습니다. 그리고 한강에 가면 시원한 강바람과 함께 자전거나 배를 탈 수도 있고 한강에 있는 공원에서 음식을 사 먹을 수도 있습니다. 10월에는 여기에서 세계불꽃축제도 열려 서울의 밤을 즐길 수 있습니다. 쇼핑을 좋아하면 명동, 동대문, 남대문, 신사동, 강남에 가 보십시오. 모두 교통이 편리한 곳에 있어 쉽게 갈 수 있습니다. 다양한 종류의 물건을 구경하고 살 수 있을 뿐만 아니라 근처에 커피숍, 맛집도 많아 좋습니다.

1. 서울에서 어디에 가면 좋습니까?
2. 여러분의 고향에서 추천하고 싶은 여행지가 있습니까? 그 이유는 무엇입니까?

부록

모범 답안
색인

모범 답안

11 교통

11-1 과제 3

<우리 집에 오는 방법>

우리 집은 대현동에 있어. 서울역에서 내려서 지하철 4호선을 타고 오다가 동대문역사문화공원역에서 2호선으로 갈아타. 그리고 이대역에서 내려. 이대역에서 내려서 6번 출구로 나와. 거기에서 신촌 쪽으로 100m쯤 걸어오면 왼쪽에 우리 집이 있어. 찾기 힘들면 연락해.

11-2 과제 3

<차로 기숙사 앞까지 오는 방법>

안녕? 나 타오야.

내일 내가 이사하는데 차를 가지고 기숙사 앞으로 와 줄 거지? 고맙다.

경복궁 쪽에서 올 때 안 막히는 길로 오려면 터널로 해서 와야 해. 오는 길을 가르쳐 줄게.

먼저 터널을 지나서 우회전하면 학교 동문이 있어. 그다음에 학교 동문으로 들어와서 200m쯤 직진하면 사거리가 있어. 그리고 좌회전해서 10m쯤 오다가 삼거리에서 좌회전하면 기숙사가 있어. 내가 그 앞에서 기다리고 있을게.

잘 찾아올 수 있겠지?

내일 보자. 안녕.

타오가

12 학교생활

12-1 과제 3

<학교생활>

다니엘,

잘 지내고 있지? 나도 잘 지내고 있어. 요즘 학교생활이 많이 익숙해졌어. 지난번에 학교생활에 대해서 물어봤지? 이메일 보내는 걸 잊어버려서 대답이 늦었어. 미안해.

지금 나는 어학당에서 한국어 수업을 듣고 있어. 수업은 월요일부터 금요일까지 있어. 9시에 수업을 시작해서 1시에 끝나. 시험은 두 번 보면 되고 발표는 한 번 하면 돼. 시험을 잘 보려면 열심히 복습해야 해. 날마다 숙제가 있는데 숙제를 열심히 해야 시험을 잘 볼 수 있어. 단어도 열심히 외워야 해. 힘들지만 친구들이 있어서 학교생활이 재미있어. 더 알고 싶은 게 있으면 연락해. 잘 지내. 안녕!

에릭 씀

12-2 과제 3

<수영 수업 신청 방법을 알고 싶습니다.>

안녕하세요? 저는 한국어학당에서 한국어를 배우고 있는 리타오입니다. 수영 수업 신청 방법을 알고 싶습니다.

다음 학기 수영 수업에 등록을 하고 싶은데요. 수업료는 얼마이고 수업 시간은 어떻게 되는지 알고 싶습니다. 그리고 수영 수업이 없을 때도 수영장을 이용할 수 있나요?

그럼 답장 기다리겠습니다. 감사합니다.

안녕히 계세요.

리타오 드림

11과-12과 복습 과제 3

<한국의 학교생활>

한국에서는 3월에 초등학교, 중학교, 고등학교, 대학교 모두 1학기를 시작한다. 한 학년의 1학기는 3월에 시작하고 2학기는 8월이나 9월에 시작한다.

방학은 여름과 겨울에 있다. 초등학교, 중학교, 고등학교의 여름방학은 7월이 끝날 때쯤에 시작해서 한 달 정도다. 그리고 한 해가 끝나는 12월에 2학기가 끝나고 겨울 방학을 시작한다. 그리고 다음 해 3월에 학기를 새로 시작한다.

수업 시간은 보통 9시에 1교시를 시작하고 오후 3시쯤에 수업이 끝난다. 수업이 끝나면 학원에 가서 공부를 더 하는 학생도 있고 취미 생활을 하는 학생도 있다.

13 공공 기관

13-1 과제 3

<은행에 간 일>

나는 한국에 유학을 온지 얼마 안 돼서 은행에 간 적이 있다. 통장을 만들고 싶어서 학교 근처에 있는 은행에 갔다.

은행은 크지 않지만 깨끗하고 직원들도 친절했다. 은행에 처음 가서 어떻게 해야 할지 몰랐는데 한 직원이 나에게 무엇을 하러 왔는지 묻고 번호표를 뽑아 주었다. 어학당 근처에 있어서 외국 학생들이 많은 것 같았다.

나는 순서를 기다리는 동안 사람들을 구경했다. 통장을 만들러 온 사람, 돈을 보내거나 찾으러 온 사람, 환전하러 온 사람, 공과금을 내러 온 사람들이 있었다. 내 순서가 되었을 때 직원에게 가서 통장을 만들었다. 통장을 만들 때 직원이 인터넷 뱅킹과 모바일 뱅킹을 설명해 주어서 통장과 같이 신청했다.

우리 고향에서는 인터넷 뱅킹이나 모바일 뱅킹을 별로 이용하지 않는데 한국 사람들은 우리 고향보다 많이 이용하는 것 같다. 나도 앞으로는 은행에 직접 가지 않고 편리한 인터넷 뱅킹을 이용해야겠다.

13-2 과제 3

<인터넷 우체국 택배 서비스 이용 방법>

먼저 인터넷 우체국 홈페이지에 들어간다. 그리고 '우체국 택배'를 누른 후에 '택배 방문 예약'을 누른다. 회원이 아니면 '비회원 신청하기'를 눌러서 이용할 수 있다. 그다음에 '신청하는 사람', '받는 사람', '보내는 물건'을 모두 쓴 후에 '신청하기'를 누르면 된다.

인터넷 우체국 택배의 좋은 점은 무거운 물건을 가지고 직접 우체국에 가지 않아도 되는 편리함이다. 우체국 택배 기사가 물건을 가지러 집으로 와 준다. 그리고 가격도 비싸지 않기 때문에 좋다. 그렇지만 상자 무게가 30kg보다 무겁지 않아야 한다.

14 전화

14-1 과제 3

<휴대 전화와 나의 생활>

요즘 많은 사람들이 휴대 전화를 사용한다. 우리 반 친구들도 많이 사용한다. 친구들은 보통 하루에 3시간쯤 사용한다고 한다. 나는 하루에 4시간쯤 사용한다. 나는 보통 휴대 전화로 메시지를 보내고 인터넷을 한다. 뉴스도 보고 영화도 본다. 친구들은 휴대 전화로 음악을 듣고 동영상을 많이 본다고 한다.

내가 자주 사용하는 휴대 전화 앱은 쇼핑 앱이다. 쇼핑 앱으로 물건을 사면 싸게 살 수 있고 아주 빨리 물건을 받을 수 있다. 그 물건을 사용해 본 사람들이 쓴 글을 읽으면 그 물건이 어떤지 알 수 있어서 좋다.

지금 쓰는 휴대 전화는 가벼워서 좋지만 영화를 볼 때 작아서 불편하다. 다음에는 더 큰 휴대 전화를 사고 싶다.

14-2 과제 3

<송별회 안내>

영수야. 12월 22일 금요일 오후 4시에 다니엘 송별회를 할 거야. 반 친구들이 고기를 먹으러 가자고 했어. 그래서 학교 앞에 있는 연세 갈비집에 갈 거야. 그리고 다니엘은 친구들과 노래방에 가고 싶다고 했어. 그러니까 너도 노래를 준비해 가지고 와. 그리고 리에가 우리 모두 다니엘에게 편지를 써서 주자고 했어. 너도 편지를 써 가지고 와. 그럼 그 날 보자.

13과-14과 복습 과제 3

<휴대 전화로 하는 이야기>

저는 휴대 전화로 메시지를 많이 보냅니다. 이야기하고 싶을 때 바로 이야기할 수 있어서 좋기 때문입니다. 저는 메시지를 보내서 제 한국 생활에 대해서 이야기를 합니다. 친구들은 한국 생활이 힘들지 않냐고 합니다. 저는 재미있다고 이야기합니다. 부모님은 날씨가 어떠냐고 하십니다. 그리고 밥을 잘 먹으라고 하십니다. 저는 공부가 조금 힘들지만 친구들과 맛있는 음식을 먹고 잘 지낸다고 이야기합니다.

15 예약과 주문

15-1 과제 3

<내가 예약한 호텔>

나는 호텔을 예약한 적이 있다. 지난 방학 때 고향에 있는 가족들이 한국에 여행을 왔는데 아버지께서 호텔을 예약해 달라고 하셔서 예약했다.

내가 예약한 호텔은 연세 호텔인데 공항에서 가깝고 교통도 편리하기 때문에 그곳을 예약했다. 예약은 인터넷으로 했다. 요즘은 호텔을 예약하는 사이트가 많은데 편리하고 요금도 싸기 때문에 사람들이 많이 이용한다. 나는 인터넷으로 처음 예약해 봤는데 예약하기가 어렵지 않았다. 한국에 온 가족들이 내가 예약한 호텔을 마음에 들어 해서 기분이 좋았다.

15-2 과제 3

<한국의 음식 배달 앱>

음식 배달 앱에 대해서 발표하겠습니다. 여러 가지 음식 배달 앱이 있었는데 그중에서 제가 발표할 음식 배달 앱은 '배달 82'입니다.

이 앱에서 배달 시킬 수 있는 음식 종류에는 한식, 중국 음식, 일식, 치킨, 피자, 디저트, 분식, 야식 등이 있습니다. 결제 방법은 현금도 되고 카드나 휴대 전화로도 할 수 있어서 편합니다.

이 앱은 좋은 점이 많습니다. 먼저 한국말을 잘 못하는 외국 사람이 여러 가지 메뉴를 사진으로 보고 주문할 수 있어서 편리합니다. 그리고 근처의 맛집을 찾을 때나 배달을 받을 주소를 쓸 때도 이 앱이 지도에서 내 위치를 찾아 주기 때문에 아주 쉽습니다.

이것으로 발표를 마치겠습니다. 끝까지 들어 주셔서 고맙습니다.

16 건강

16-1 과제 3

<주앙 씨, 연락 고마워요>

주앙 씨,

연락해 줘서 고마워요. 몸이 안 좋아서 학교에 못 갔어요. 일 때문에 쉬지 못해서 몸살감기에 걸렸어요. 열이 많이 나는 데다가 몸도 여기저기 아파서 집에 있었어요. 열이 많이 나서 힘들었어요. 그래서 병원에 갔다가 왔는데 의사 선생님이 열이 많이 나니까 약을 먹고 푹 쉬라고 했어요.

아마 다음 주에는 다 나아서 학교에 갈 수 있을 것 같아요. 반 모임에 갈게요. 지난번에는 바빠서 못 갔지만 이번에는 반모임에 꼭 가서 친구들과 이야기를 많이 하고 싶어요. 그럼 학교에서 만나요.

유키 씀

16-2 과제 3

<동생을 위해 준비한 약에 대한 설명>

① 이 약은 두통약인데 머리가 아플 때 먹는다. 한 번 먹을 때 두 알 먹으면 된다. 그리고 속이 아플 수 있으니까 식사한 후에 먹지 않으면 안 된다.

② 이 약은 모기약인데 모기에 물렸을 때 바른다. 가려울 때마다 바르면 된다. 그리고 바르기 전에 모기에 물린 곳을 깨끗하게 씻고 바르는 게 좋다.

③ 이 약은 멀미약인데 차나 배를 타기 전에 먹는다. 출발하기 전에 한 알 먹으면 된다. 그리고 멀미가 시작된 후에 먹으면 효과가 없으니까 출발하기 전에 먹지 않으면 안 된다.

④ 이 약은 파스인데 허리나 무릎이 아플 때 붙인다. 샤워를 한 후에 새로 붙이면 된다. 그리고 떨어질 수 있으니까 잘 붙여야 한다.

15과-16과 복습 과제 3

<전화나 인터넷으로 예약·주문한 일>

나는 지난달에 동아리 모임 때문에 식당을 예약해야 했다. 식당에 전화를 걸어서 모임 날짜와 시간, 모이는 사람의 수를 이야기했다. 전화를 하기 전에는 걱정을 많이 했는데 생각보다 어렵지 않았다. 인터넷으로 공연 표를 예매한 적도 있는데 내가 보고 싶은 공연의 날짜와 시간을 선택하고 휴대 전화로 계산까지 할 수 있어서 정말 편했다.

나는 음식 배달 앱으로 음식도 자주 주문해서 먹는데 전화로 하는 것보다 더 편해서 좋다. 전화로 주문할 때는 직원의 말을 이해하기가 어려운데 앱으로 주문할 때는 그런 문제가 없기 때문이다. 전화 주문이 익숙하지 않은 외국인은 '배달 82'라는 앱을 사용해 보면 좋을 것 같다.

17 취미

17-1 과제 3

<같이 만나서 영화를 보실 분들을 찾습니다>

안녕하세요? 저는 어렸을 때부터 한국 영화에 관심이 많아서 한국 영화를 즐겨 봤습니다. 저와 취미가 같은 사람들과 영화 감상을 하고 싶어서 학교 홈페이지에 이 글을 씁니다.

일주일에 한 번 매주 금요일 오후에 모여 같이 한국 영화도 보고 이야기도 많이 합시다. 좋아하는 영화도 보고 친구들도 사귈 수 있습니다. 영화 감상만큼 한국어 공부에 도움이 되는 것은 없는 것 같습니다.

영화를 보고 싶어도 같이 볼 사람이 없어서 못 보셨던 분들은 연락해 주세요.

연세 대학교 한국어학당 올리비아 (olivia@yonsei.com)

17-2 과제 3

<나의 취미>

여러분은 책 읽는 것을 좋아하십니까? 저는 아주 좋아합니다.

이 취미가 좋아진 이유는 초등학교 때 친구가 선물해 준 소설책이 정말 재미있었기 때문입니다. 특히 저는 역사에 관심이 많기 때문에 역사 소설책을 읽는 것을 좋아합니다.

제 취미는 좋은 점이 많습니다. 책에서 많은 것을 배우고 많은 사람도 만날 수 있어서 좋습니다. 그리고 버스나 지하철 안에서도 책을 읽을 수 있습니다.

이 취미 활동을 더 재미있게 하는 방법도 있습니다. 책을 읽은 후의 감상을 저의 에스앤에스(SNS)에 쓰는 것입니다. 다른 사람들이 제 글에 쓴 답글을 읽으면 더 재미있습니다.

이것으로 제 취미 이야기를 마치겠습니다. 제 발표를 끝까지 들어 주셔서 고맙습니다.

18 계획

18-1 과제 3

<나의 휴가 계획>

나의 휴가는 8월 1일 월요일부터 7일 일요일까지이다. 나는 이번 휴가 때 부산에 갈 거다. 그 이유는 부산이 아름답다고 하는데 한 번도 못 가 봤기 때문이다. 부산에 가 본 친구들이 부산에는 맛있는 음식이 많다고 했다. 부산에 가면 바다를 구경하고 맛있는 음식을 먹고 싶다.

이번 휴가 때 책도 좀 읽으려고 한다. 나는 책 읽는 것을 좋아하는데 그동안 바빠서 책을 읽을 시간이 없었다. 시간이 있을 때 무슨 책이든지 읽을 계획이다.

그리고 이번 휴가 때 어머니께 드릴 선물을 사서 보낼 계획이다. 선물을 살 시간이 없어서 어머니 생신에 전화만 드렸다. 어머니께 화장품을 사서 보내 드리면 좋아하실 것 같다.

그동안 하고 싶었지만 못 한 일을 할 수 있어서 이번 휴가가 많이 기대가 된다.

18-2 과제 3

<내가 하고 싶은 일>

저는 나중에 통역사가 되고 싶습니다. 통역사가 되려면 준비해야 할 것들이 많습니다. 먼저 외국어 공부를 해야 합니다. 그리고 대학원에서 공부를 해야 하기 때문에 학비도 모아야 합니다. 그래서 저는 몇 가지 계획을 세웠습니다.

첫 번째 계획은 어학당에서 1년 동안 한국어를 공부하는 것입니다. 그리고 두 번째 계획은 대학원 입학시험 준비입니다. 한국어로 자기 소개서를 쓰고 면접시험을 보려면 많은 연습이 필요할 것 같습니다. 그리고 마지막으로 아르바이트를 해서 학비를 모을 것입니다. 공부를 하면서 아르바이트도 하면 많이 힘들겠지만 열심히 노력하겠습니다.

아직 많이 준비하지 못했지만 제 꿈을 생각하면서 더 열심히 노력할 것입니다. 제 이야기를 들어 주셔서 고맙습니다.

17과-18과 복습 과제 3

<나의 계획>

나는 어렸을 때부터 선생님이 되고 싶었다. 고향으로 돌아가면 선생님이 될 것이다. 우리 고향에는 한국어를 배우고 싶어 하는 사람들이 많다. 한국어를 배운 후에 한국에서 일하고 싶어 하는 사람도 있고 한국 대학교에 입학해서 공부하고 싶어 하는 사람들도 있다. 그런데 한국어를 배울 수 있는 곳도 많지 않고 가르칠 수 있는 사람도 많지 않다.

나는 그런 사람들에게 한국어를 가르치는 좋은 선생님이 되었으면 좋겠다. 선생님이 되면 한국어도 가르치고 한국에서 경험한 한국의 문화도 가르치고 싶다. 그날을 기대하면서 앞으로도 한국어 공부를 열심히 해야겠다.

19 여행

19-1 과제 3

<나의 여행기>

나는 작년 겨울에 여수로 여행을 갔다. 친구들과 함께 셋이서 3박 4일 일정으로 갔다. 서울에서 여수까지 케이티엑스를 타고 갔는데 3시간 15분쯤 걸렸다. 우리는 여수 바다가 보이는 호텔에서 숙박했다. 야경이 멋있고 주변에 구경할 것이 많은 호텔이었다. 친구들도 모두 호텔이 마음에 든다고 했다.

우리가 여수로 여행을 간 이유는 여수가 매우 아름답고 겨울에도 날씨가 따뜻한 곳이니까 가 보라고 한국 친구가 말해 주었기 때문이다. 그리고 내가 '여수 밤바다'라는 노래를 좋아해서 여수의 야경을 보고 싶었기 때문이다. 우리는 3박 4일 동안 해상 케이블카도 타 보고 여수 시내와 오동도도 구경했다. 동백꽃이 핀 오동도를 걸으면서 이야기도 많이 하고 사진도 많이 찍었다.

오랜만에 친구들과 아름다운 경치도 보고 즐거운 시간을 보내서 너무 행복했다. 그 여행이 오래오래 기억에 남을 것 같다.

19-2 과제 3

<여행하기 좋은 곳>

여러분은 지리산에 가 본 적이 있습니까? 오늘 제가 여러분에게 꼭 한번 가 보라고 말하고 싶은 곳은 바로 지리산입니다. 지리산은 한국 사람들이 사랑하는 한국의 첫 번째 국립 공원입니다.

지리산은 한국의 가운데에 있습니다. 지리산의 동쪽에는 경상도, 서쪽에는 전라도가 있고 남쪽에는 여수와 해상 국립 공원이 있습니다.

그곳에 가려면 시외버스를 타고 구례 터미널까지 3시간쯤 가야 합니다. 거기에서 70m쯤 걸어가면 지리산 입구가 있고 1시간 정도 등산을 하면 경치가 아름다운 지리산 노고단에 올라갈 수 있습니다.

그곳에는 볼거리도 많습니다. 지리산은 사계절 아름다운 등산로가 많아서 등산객들이 좋아합니다. 올라가기 편한 등산로도 많습니다. 내려오는 길에는 유명한 온천도 있습니다. 특히 노고단에서 아침 해가 뜨는 것을 보는 것은 오래오래 기억에 남을 볼거리입니다. 여러분도 지리산의 아름다움을 볼 수 있었으면 좋겠습니다.

제 발표는 여기까지입니다. 끝까지 들어 주셔서 고맙습니다.

20 날씨와 생활

20-1 과제 3

<오늘과 내일의 날씨>

날씨를 말씀 드리겠습니다. 오늘은 날씨가 맑고 좋습니다. 아침 기온은 10도이고 낮 기온은 25도로 맑고 따뜻하겠습니다. 내일은 조금 흐리고 오후에 비가 오겠습니다. 내일은 오늘보다 조금 기온이 낮겠습니다. 내일 아침 기온은 8도이고 낮 기온은 22도입니다.
오늘은 날씨가 맑고 좋아 바깥에서 활동을 하기가 좋습니다. 빨래를 해도 좋습니다. 내일은 비가 온다고 하니까 실내에 있는 것이 좋겠습니다. 빨래는 내일 하지 마시고 오늘 하십시오.
지금까지 오늘과 내일의 날씨였습니다.

20-2 과제 3

<주말 날씨와 나의 계획>

이번 주말에는 날씨가 좀 흐리고 비가 온다고 한다. 최저 기온은 2도이고 최고 기온은 8도라고 한다. 미세 먼지는 계속 '나쁨'이라고 한다.

처음에는 친구들과 서울 근처로 나들이를 가려고 했는데 비도 오고 미세 먼지도 심해서 계획을 바꾸기로 했다. 밖에서 활동하는 것은 힘들 것 같아서 유명한 사진작가의 전시회에 가려고 표를 예매했다. 전시회를 본 후에 친구들과 전시장 근처 맛집에서 점심을 먹기로 했다. 그리고 저녁에는 우리 집으로 와서 영화를 보면서 놀기로 했다. 주말이 기대가 된다.

19과-20과 복습 과제 3

<서울 관광 상품>

서울을 찾는 외국인들에게 지하철 서울 나들이 상품을 소개합니다. 2박 3일 일정으로 지하철을 이용하여 서울을 구경할 수 있는 상품입니다. 서울의 유명한 장소인 명동, 남산, 인사동, 홍대 앞을 지하철로 구경해 보세요. 더운 여름에는 시원하고 추운 겨울에는 따뜻한 서울의 지하철을 이용해서 원하는 곳 어디든지 구경하세요.

첫째 날에는 지하철 4호선을 타고 명동과 남산을 구경하고 둘째 날에는 3호선을 타고 인사동과 삼청동을 구경해 보세요. 마지막 날에는 2호선을 타고 홍대입구역으로 가서 한국의 문화를 느껴 보세요.

인터넷을 사용할 수 있는 휴대 전화와 카메라만 준비하면 안전하고 즐거운 지하철 여행을 할 수 있을 것입니다. 서울로 오세요.

색인

어휘 색인

ㅎ

English Version

새 연세한국어 말하기와 쓰기 2-2

별책부록

NEW YONSEI KOREAN Speaking and Writing

연세대학교 한국어학당 편

연세대학교 출판문화원

Foreword

The Yonsei University Korean Language Institute ("Yonsei KLI") was established in 1959 as the first institute to provide Korean language courses. Yonsei KLI has published numerous Korean language teaching textbooks and conducted various studies on Korean language pedagogy commensurate with its long history and prestigious reputation as the world's leading Korean language institute. Yonsei KLI has imparted language skills and knowledge of Korea's rich cultural heritage to over 140,000 students from 147 countries. More recently, the institute has extended the learning environment beyond physical classrooms to the online space through the creation of MOOCs(Massive Open Online Course), which have received deep appreciation from those who wish to learn the Korean language but are unable to attend Yonsei KLI in person. To keep pace with the rapidly evolving educational environment, Yonsei KLI continues to relentlessly pursue various endeavors to update and develop new methods of and materials for teaching the Korean language.

Yonsei KLI has offered various regular, short-term, and the university Korean courses for those who are studying the Korean language for both general and special purposes. The institute has been deeply committed to developing teaching materials of the highest quality that cater to learners' needs. The textbooks created and published by Yonsei KLI have been satisfying the diverse needs of Korean language instructors and learners around the world to provide excellent teaching and learning experiences.

Yonsei KLI is now proud to present the "New Yonsei Korean" textbook series which follows in the steps of the "Yonsei Korean 1–6" series, the all-time favorite textbook series for learning the Korean language. Many scholars and instructors with years of hands-on Korean language teaching experience have been involved, and great deals of time and effort have been dedicated in its development. Their understanding of the best teaching practices and the needs of learners are incorporated into this new series.

The recently published "New Yonsei Korean" textbook series is comprised of six levels of vocabulary and grammar, speaking and writing, and listening and reading textbooks. "New Yonsei Korean Vocabulary and Grammar" textbook helps the Korean learners at each level in building and utilizing the key vocabulary words and grammatical concepts. "New Yonsei Korean Speaking and Writing" textbook focuses on speaking and writing exercises that enable learners to familiarize themselves with expressions that are essential for communication in Korean. "New Yonsei Korean Listening and Reading" textbook fosters 2 the comprehension skills appropriate for each level of the Korean language through listening and reading exercises. The three textbooks in each series can be used together as a package to help learners acquire balanced Korean language proficiency or may be used separately depending on the educational environment or individual learners' needs. Furthermore, an additional guidebook for the vocabulary and grammar textbook was provided to assist teachers with relatively less experiences.

Yonsei KLI will continue to dedicate time and energy to developing textbooks and teaching materials that can satisfy the needs and meet the expectations of Korean language learners around the world. Yonsei KLI hopes that this newly released textbook series will be of great help to numerous instructors both inside and outside of Korea doing their utmost to offer top-notch Korean language education and to all of the learners around the world striving to learn the Korean language.

The Yonsei University Institute of Language Research and Education

The Yonsei Korean Language Institute Textbook Compilation Committee

Introduction

1. This book, together with "New Yonsei Korean Language Vocabulary & Grammar 2" and "New Yonsei Korean Language Listening & Reading 2," is for beginner-level Korean language learners. It has been compiled so that students can practice speaking and writing the sentence structure and vocabulary they've learned in "New Yonsei Korean Language Vocabulary & Grammar 2."

2. This book focuses on developing students' ability to express themselves so that beginner-level Korean language learners can ultimately speak and write Korean.

3. This book consists of 20 lessons and each lesson is made up of two sections, totaling 40 sections in all. For every two lessons, there is a separate review section, and there are a total of 10 review sections in the book. Each section consists of enough material for a 50-minute class, and the entire book contains 50 sections total. And for every two lessons, there is a segment that introduces Korean culture.

4. Each section of the book consists of a title, learning objectives, a "Let's Prepare" segment, "Let's Discuss" segment, and "Let's Write" segment. The review section consists of three assignments so that students can review the topic, function, vocabulary and grammar from the previous two lessons.

5. The title of each lesson in this book is the same as the lesson titles of "New Yonsei Korean Language Vocabulary & Grammar 2." The title of each section is the representative sentence from the dialogue so that learners can clearly understand the learning objective of the section.

6. The learning objective is expressed as, "can speak about –," "can explain –," and "can introduce—" in order to help learners understand the function of each of the expressions.

7. The "Let's Prepare" segment is essentially an introduction to the section. The illustration, which serves as an example to help learners understand the learning objective, is followed by two questions that aim to induce learners to predict the specific content that the section will consist of. One of the questions refers to the illustration and the other question refers to the personal experience of the learner that is related to the theme of the section.

8. "Let's Discuss" is formatted so that learners can practice speaking by applying the contents of what they have learned in "New Yonsei Korean Language Vocabulary & Grammar 2." The authors tried to incorporate various situations so that beginner-level Korean language learners can learn to communicate in specific real-life situations. Useful expressions are

also introduced in each of the dialogues in order to help learners improve their ability to communicate. Moreover, each exercise consists of an "Example" section that shows the structure of the entire dialogue with the aim of furthering the understanding of learners.

9. "Let's Write" is comprised of exercises that integrate writing with speaking activities through instructions such as "Write and present your ideas" and "Discuss and write down the contents of your discussion." In order to help learners familiarize themselves with the writing structure that corresponds to the function and format of the text, an example of the text is also included. For the "Write & Present" exercises, we included useful expressions to use when making a presentation to help learners practice speaking in formal situations. A "Model Answer" segment is also provided so that learners can refer to the recommended writing structure.

10. The "Review Section" consists of three exercises. It aims to help learners practice their written and spoken discourse using the vocabulary, grammar, and theme that they learned in the preceding two sections.

11. "Culture" introduces Korean culture, as well as Korean expressions that learners can use.

12. Each of the exercises consist of level-based activities so that Korean language learners can express themselves in various ways according to their Korean language ability. "Let's Discuss" is formatted so that learners can begin with forming a conversation within the context of a given situation, and then proceeds to introduce a higher level of speech, where learners can engage in dialogue within the context of their own personal situations. "Let's Write" begins with the outlining stage and follows a logical, step-by-step process to help learners with writing composition.

13. New vocabulary can be found at the bottom of the page for each relevant exercise. In addition, an Appendix of all of the new vocabulary words and the section in which they were used is included in the book to help learners with their Korean language studies.

Contents Map

Chapter	Title	Lesson objective	Expression	Culture
Unit 11 Transportation	<1> Take Line 2 and transfer to Line 6.	to be able to explain how to get to a destination by way of public transportation	-다가 으로[3]	The way to use a transportation card
	<2> Please go by way of the Gyeongbok Palace.	to be able to explain the way to a destination by car	-으려면[1] 으로 해서	
Unit 12 School Life	<1> You have to listen attentively in class in order to do well on the test.	to be able to explain things about school life	-어야 -으면 되다	
	<2> I came to ask a question.	to be able to ask questions about school life	-는데요 -거나	
Unit 13 Public Institutions	<1> Please wait a little while your bankbook is being made.	to be able to inquire about ways to use a bank	부터 -는 동안	Language of Text Messages
	<2> It takes two whole months?	to be able to inquire about ways to use a post office	-을 건가요? 이나[2]	
Unit 14 Telephone	<1> I heard that the number of people watching movies with their cell phones has increased.	to be able to explain the functions of a cell phone	-는다고 하다 -냐고 하다	
	<2> Tell him to call me later after his class is over.	to be able to relay a message to someone else	-자고 하다 -으라고 하다	

Chapter	Title	Lesson objective	Expression	Culture
Unit 15 Reservations & Ordering	<1> There are many reservations because it is the weekend.	to be able to make reservations to a place.	-어 달라고(주라고) 하다 이라서	Korea's Delivery Food
	<2> Please deliver a lunch-box for one person.	to be able to make an order for delivery	만 -었던	
Unit 16 Health	<1> My nose is runny and I have a fever.	to be able to explain the symptoms when you are feeling sick.	-는 데다가 ㅅ동사	
	<2> At least try taking some vitamins	to be able to talk about medicine appropriate for one's symptoms and explain the method for taking it.	이라도 -지 않으면 안 되다	
Unit 17 Hobbies	<1> There's nothing more fun than basketball.	to be able to introduce your hobby and its strengths	만큼 -어도	New Year's Plans for Koreans
	<2> Do you know how to ride a bicycle?	to be able to explain the activities of your hobby in detail	-을 줄 알다(모르다) -던	
Unit 18 Plans	<1> There are a lot of people who work part-time during the vacation.	to be able to talk about your holiday plans	-던데요 이든지	
	<2> I planned on exercising every day, but I was only able to do it for one day.	to be able to talk about your plans of what you want to do	밖에 -을 줄 알았다	

Chapter	Title	Lesson objective	Expression	Culture
Unit 19 Travel	<1> After searching on the internet, I chose the best place.	to be able to talk about your travel experience	이나[3] -은 뒤에	A Trip to Seoul
	<2> If you have decided to go on a family trip, how about going to Seoraksan?	to be able to recommend a travel destination	-기로 하다 -자마자	
Unit 20 Weather and Life-style	<1> They say it will rain so it would be good to do something else.	to be able to suggest an activity appropriate to the weather	-는다고 하니까 -지 말고	
	<2> It will be difficult to drive so shall we take the bus?	to be able to make plans for activities appropriate to the weather	접속사 -을 테니까	

Contents

Unit 11 Transportation

<1> Take Line 2 and transfer to Line 6.

Lesson objective: to be able to explain how to get to a destination by way of public transportation

Vocabulary

누르다 to press
교통수단 means of transportation
명동역 Myeong-dong Station
서울역 Seoul Station　안국역 Anguk Station
강남역 Gangnam Station
교대역 Seoul Nat'l Univ. of Education Station
광화문역 Gwanghwamun Station
고속터미널역 Express Bus Terminal Station
종로3가역 Jongno 3(sam)-ga Station
합정역 Hapjeong Station
경복궁역 Gyeongbok Palace Station
을지로3가역 Euljiro 3(sam)-ga Station
종합운동장역 Sports Complex Station
이대역 Ewha Womans Univ. Station
충정로역 Chungjeongno Station
여의나루역 Yeouinaru Station
압구정역 Apgujeong Station

<2> Please go by way of the Gyeongbok Palace.

Lesson objective: to be able to explain the way to a destination by car

Vocabulary

우회전 right turn　좌회전 left turn
유턴 U-turn　직진 straight ahead
세우다 to stop　기사 driver
터널 tunnel　소월길 Sowol-gil
세브란스 병원 Severance Hospital
성산로 Seongsan-ro
퇴근하다 to leave one's office or get off of work
막히다 to be congested　밀리다 to be backed up
동문 East Gate

Unit 12 School Life

<1> You have to listen attentively in class in order to do well on the test.

Lesson objective: to be able to explain things about school life

Vocabulary

발표 presentation　리포트 report
시작하다 to start
열심히 diligently or attentively
복습 review　이해하다 to understand
질문하다 to ask a question
외우다 to memorize　연습하다 to practice
출석 attendance　잊어버리다 to forget

<2> I came to ask a question.

Lesson objective: to be able to ask questions about school life

Vocabulary

신청서 application　등록하다 to register
휴학 temporary absence from school
신청하다 to apply or make an application
재료비 cost of materials　결과 result
확인하다 to confirm

Unit 11 - Unit 12 Review

Unit 11 - Unit 12 Vocabulary

출발지 departure point　도착지 destination
동문 회관 alumni hall

Culture: The way to use a transportation card

When riding on a bus or subway in Korea, the transportation card is usually used more than cash. Using a transportation card is convenient and cheaper to use than cash. You are allowed to transfer up to four times at no cost but if you transfer to another means of transportation after thirty minutes or take the same bus, you have to pay the fare again. You can purchase a transportation card at a convenience store or subway station and you can also recharge it. People also use credit cards or mobile transportation cards that have the function of a transportation card. These days, you can make payments at a mart or coffee shop with your transportation card and you can check the remaining balance on your card through the transportation card application.

Unit 13 Public Institutions

<1> Please wait a little while your bankbook is being made.

Lesson objective: to be able to inquire about ways to use a bank

Vocabulary

체크 카드 debit card
외국인 등록증 foreigner registration card
연락처 contact information
계좌 번호 account number
자동 이체 automatic transfer
인터넷 뱅킹 online banking
아이디(ID) Identification
통장 bankbook
계좌 account
우선 first
신분증 identification card
서명하다 to sign one's name
저금 savings
환전 exchange of money
공과금 utility bills
내다 to pay
순서 order or procedure

<2> It takes two whole months?

Lesson objective: to be able to inquire about ways to use a post office

Vocabulary

등기 registration
중요하다 to be important
국제 우편 international mail
소포 package or parcel
항공편 by airmail
배편 by ship
택배 package
무인 우편 Self-service mail service
요금표 price list
무게 weight
국제 특급 international express
부치다 to send or ship
저울 scale
올려놓다 to place on top of something
열흘 ten days
방문 visit
비회원 non-member
상자 box

Unit 14 Telephone

<1> I heard that the number of people watching movies with their cell phones has increased.

Lesson objective: to be able to explain the functions of a cell phone

Vocabulary

동영상 video file
맛집 popular local restaurant
주문하다 to order
신문 기사 newspaper article
검색하다 to search
녹음하다 to record
고장이 나다 to break down or be broken
새 new

<2> Tell him to call me later after his class is over.

Lesson objective: to be able to relay a message to someone else

Vocabulary

따로 separately
데려오다 to bring someone
발신 sending of a message
함께 with
한강 Han River
남산 Namsan
시간을 내다 to make time

Unit 13 - Unit 14 Review

Unit 13 - Unit 14 Vocabulary

번호표 number ticket
뽑다 to pull out

Culture: Language of Text Messages

There are many people who use text messaging more than phone calls these days. And people are using shortened phrases in their text messages to make fun and easy expressions. There are expressions like "ㅇㅇ" or "ㄴㄴ" that use only the initial consonant. There are also acronyms that take the first letter of the words to make a new word like "'아아', or '따아.' When trying to express emotions or feelings, people use expressions like 'ㅋㅋ' or 'ㅠㅠ.' Using these expressions gives a more lively feeling than just saying, "This is fun," or "I'm sad."

ㅇㅇ	응 응 Yes yes
ㄴㄴ	노 노(아니 아니) (no, no)
아아	아이스 아메리카노 (Iced Americano)
따아	따뜻한 아메리카노 (Hot Americano)
ㅋㅋ	크크(웃음 소리) (laughing sound)
ㅠㅠ	눈물 흘리는 모습 (looks like tears are falling)

Unit 15 Reservations & Ordering

<1> There are many reservations because it is the weekend.

Lesson objective: to be able to make reservations to a place.

Vocabulary

말 the end
초 the beginning
리조트 resort
연휴 consecutive holidays
날짜 date
잠시 a little while
성함 name

<2> Please deliver a lunchbox for one person.

Lesson objective: to be able to make an order for delivery

Vocabulary

배달되다 to be delivered 치킨집 chicken restaurant
분식집 snack shop
야식집 midnight meal restaurant
배달시키다 to order for delivery
지난번 last time
양념치킨 seasoned chicken
저녁밥 dinner 배달하다 to deliver
결제 payment 카드 card
마치다 to end

Unit 16 Health

<1> My nose is runny and I have a fever.

Lesson objective: to be able to explain the symptoms when you are feeling sick.

Vocabulary

콧물이 나다 to have a runny nose
열 fever 두통 headache
심하다 to be severe
기침 cough 붓다 to swell up
목이 쉬다 to have a hoarse voice
몸이 떨리다 to tremble in the body
소화 digestion 변비 constipation
코감기 sinus cold 목감기 throat cold
기침감기 cold with cough 배탈 stomach disorder
눈물 tear 푹 completely or entirely
만지다 to touch 어젯밤 last night

<2> At least try taking some vitamins

Lesson objective: to be able to talk about medicine appropriate for one's symptoms and explain the method for taking it.

Vocabulary

비타민 vitamin 요구르트 yogurt
스트레칭 stretching 약사 pharmacist
종합 감기약 comprehensive cold medicine
알 pill 소화제 digestion medicine
파스 pain relieving patch
붙이다 to attach 떨어지다 to fall or drop
피부 skin 넘어지다 to fall down
소독약 antiseptic 반창고 adhesive plaster
소독하다 to disinfect 모기약 mosquitocide
멀미약 motion sickness medicine

Unit 15 - Unit 16 Review

Culture: Korea's Delivery Food

When you are hungry at night and there's nothing to eat in the house, what do you do? When your friends unexpectedly visit you, what should you eat? You can easily order food to be delivered to your house in Korea. With just one phone call or a few clicks, you can easily order for delivery and eat all kinds of food at home like chicken, pizza, jajangmyeon, naengmyeon, and gamjatang. Because there isn't much of a difference in price compared to eating at a restaurant and because you can eat delicious food in less time, Koreans order food by telephone, internet, or a mobile application. It's also convenient and nice because you can use the delivery service for famous restaurants these days.

Unit 17 Hobbies

<1> There's nothing more fun than basketball.

Lesson objective: to be able to introduce your hobby and its strengths

Vocabulary

음악 감상 listening to music
외국어 foreign language 도움이 되다 to be of help
문화 culture 글 writings
아무리 no matter how 관심 interest

<2> Do you know how to ride a bicycle?

Lesson objective: to be able to explain the activities of your hobby in detail

Vocabulary

드럼 drum 낚시하다 to fish
볼링 bowling 볼링장 bowling alley
특히 especially

Unit 18 Plans

<1> There are a lot of people who work part-time during the vacation.

Lesson objective: to be able to talk about your holiday plans

Vocabulary

학원 academy
벼룩시장 flea market
경험 experience
쌓다 to accumulate or gain
벌다 to make or earn money

<2> I planned on exercising every day, but I was only able to do it for one day.

Lesson objective: to be able to talk about your plans of what you want to do

Vocabulary

다이어트 diet
참다 to be patient or put up with
한 about
정도 around
학비 tuition

Unit 17 - Unit 18 Review

Unit 17 - Unit 18 Vocabulary

에스앤에스(SNS) social media (social network service)

Culture: New Year's Plans for Koreans

At the end of the year, everyone makes resolutions for the New Year with a renewed heart. What kind of resolutions do Koreans make for the New Year? They say that Koreans are regulars at making resolutions for their studies, reading, travel, exercise, diet, or to quit smoking every New Year. In other words, you can figure out that Koreans are very interested in self-improvement or their health. People diligently make their resolutions but not everyone achieves them. Because people make these resolutions but can't keep them, there is even the idiom, "a short-lived resolution" or "a resolution good for only three days." But even if you make your resolutions on January 1 but cannot keep them, don't be too discouraged. In Korea, there is another January 1 New Year's Day on the lunar calendar, so you have another opportunity to make your resolutions.

Unit 19 Travel

<1> After searching on the internet, I chose the best place.

Lesson objective: to be able to talk about your travel experience

Vocabulary

여행지 travel destination
기간 period
숙박 시설 accommodations
한옥마을 Hanok Village
-박 -일 _days and _nights
게스트 하우스 guest house
통영 Tongyeong
해변 seashore or beach
펜션 pension
풍경 scenery
일정 itinerary
숙박하다 to lodge
홋카이도 Hokkaido
온천욕 hot spring bath
야경 night view
쇼핑센터 shopping center
방콕 Bangkok

<2> If you have decided to go on a family trip, how about going to Seoraksan?

Lesson objective: to be able to recommend a travel destination

Vocabulary

가족 여행 family trip
해외여행 overseas trip
신기하다 to be amazing or marvelous
볼거리 things to see
식구 one's family or family members
여름휴가 summer vacation
온천 hot spring
도고 Dogo (name of a region in Korea's Chungcheongnam-do)
온천물 hot spring water
배낭여행 backpacking
이스탄불 Istanbul
유적지 historic site
옛날 ancient times
유물 relic
타이베이 Taipei

Unit 20 Weather and Lifestyle

<1> They say it will rain so it would be good to do something else.

Lesson objective: to be able to suggest an activity appropriate to the weather

Vocabulary

내리다 to come down
바뀌다 to be changed
안개 mist or fog
끼다 to gather or envelop
케이블카 cable car
강하다 to be strong
태풍 typhoon
습하다 to be humid
기린 giraffe
기온 temperature
활동 activity

<2> It will be difficult to drive so shall we take the bus?

Lesson objective: to be able to make plans for activities appropriate to the weather

Vocabulary

햇빛 sunlight or sunshine
실내 indoors
종일 all day
미세 먼지 fine dust
최저 lowest or minimum
마르다 to dry
그러면 then
환기 ventilation
최고 best or maximum

Unit 19 - Unit 20 Review

Culture: A Trip to Seoul

Where have you been to in Seoul? There are many special places in Seoul that can make your life in Korea more enjoyable. You can learn more about the history and ancient appearance of Korea if you visit the Gyeongbok Palace and Changdeok Palace. You can rent a Korean hanbok from the Hanbok Rental Shop and look around the palace wearing it. If you go to the Han River, you can enjoy the cool river wind and ride a bicycle or boat. You can also buy some food at the Han River Park. The World Fireworks Festival opens every October here so you can enjoy that night in Seoul. If you like shopping, try going to Myeong-dong, Dongdaemun, Namdaemun, Sinsa-dong, or Gangnam. The transportation is convenient for all these places so it's easy to get there. It is nice because not only are you able to look at and buy different kinds of things, there are also many coffee shops and popular restaurants nearby.